Le Songe

d'une Nuit d'automne

DRAME ASTRAL

ALBERT MIRABAUD

Le Songe

d'une

Nuit d'automne

DRAME ASTRAL

PARIS

CHAMUEL ÉDITEUR

5, rue de Savoie, 5

1897

DIVAGATIONS THÉOSOPHIQUES

SUR

LE DEVENIR SOCIAL

A MA CHÈRE FEMME

Je dédie

cette œuvre de prime jeunesse.

« Mais quelle est la maladie qui n'est pas mor-
« telle, si l'homme ne naît que pour mourir ? Dans
« cet abîme de confusion, sa propre existence est la
« cause de son trépas. Homme, sois toujours prêt,
« l'éternité t'attend, et ne retarde pas jusqu'à ce
« que les infirmités t'avertissent, puisque la vie
« elle-même est ta plus grande infirmité ; l'homme,
« tout le temps que dure son existence, marche sur
« cette terre d'où il est sorti et à chaque pas qu'il
« fait, il foule aux pieds sa sépulture ! Loi triste,
« cruelle sentence, mais dans tous les temps et par-
« tout, chacun de nos mouvements nous rapproche
« de la tombe. Amis, je touche à ma fin, emportez-
« moi dans vos bras. »

(CALDERON. — *Le Prince Constant*
Journée III, Scène II.

ALBERT MIRABAUD

Le Songe

d'une

Nuit d'automne

DRAME ASTRAL EN HUIT TABLEAUX

PARIS

CHAMUEL ÉDITEUR

5, rue de Savoie, 5

1897

PERSONNAGES

LE POÈTE	L'ARCHANGE
L'ANGE	PAOLO
LA MORT	DJANNINE
GEORGES	LA RÉPUBLIQUE
JÉROME	CHŒUR DES ANGES

VOIX DES MORTELS ǁ

(A Venise, de nos jours).

PREMIER TABLEAU

Une mansarde sordidement meublée. Porte au fond et à
droite, cheminée décrépite à gauche. Fenêtres latérales.
Une au fond de droite. Guéridons vermoulus, sur le devant
à droite et à gauche ; sur celui de gauche, une lampe à
abat-jour ; sur celui de droite, un verre, une carafe d'eau
un sucrier et quelques médicaments. Deux fauteuils,
amatis, roulés près des guéridons de gauche et de droite.
Quelques chaises boiteuses et dépaillées, dispersées de part
et d'autre de la scène.

Au lever du rideau, Raphel affalé sur le fauteuil de gauche,
s'avère, plongé en un sommeil léthargique, crisse des dents,
fébrile, et convulse les poings. Jérôme, assis sur un
tabouret, devant lui, ses deux mains emmortaisées dans
les siennes, le contemple avec mansuétude et un senti-
ment de commisération amère.

La scène et la salle sont diffusément éclairées par la réverbération laiteuse de la lampe, se profilant sur le facies
exsangue et émacié du poète.

SCENE I

RAPHEL. — JÉROME

JÉROME (le regard humide et d'une voix sombrée,
marmonnant).

Pauvre m'sieur Raphel... si jeune et déjà mourir!...

(Hourvari de voix au dehors glapissant
l'air des Huguenots :)

Des jours de la jeunesse
Et du temps qui nous presse
Dans une douce ivèesse... etc.

JÉROME (continuant son soliloque).

Plus d'espoir... est bien irrémédiablement perdu!
C'est un mal qui ne pardonne point, la phthisie...
Aussi l'a doctement pronostiqué la consulte qu'on
avait fait venir... Il souffre déjà les affres de la
mort... Il se rebelle à son approche... Il la perçoit
près de lui et il l'objurgue... Il croit qu'en
la menaçant, il la fera s'éloigner... Elle tempo-
rise, mais elle l'appréhendera bientôt, le pauvre

hère... Elle valète à son chevet... s'interpose déjà entre lui et moi... Je la subodore quoique je ne la voie point. Il claque des dents... se révulse... Seraient-ce déjà les premiers prodromes...? Avaient dit pourtant qu'il passerait la nuit... Nous auraient alors affinés ?... Non, pourtant ; il s'accoise... s'accalmit... Elle avait peut-être fait mine de s'approcher, la gueuse... et lui, s'est apeuré !... Il entr'ouvre les paupières... Demandez, m'sieur Raphel ?...

RAPHEL (à mi-voix, instamment).

Tais-toi... m'appelle pas... se jetterait sur moi... si tu semblais encore me porter quelque affection... Tout à l'heure... me parleras... quand n'aurai plus la flamme de son regard ardant sur moi !... (puis tout d'un coup, haussant la voix)... m'a vu te parler... va encore me torturer...! (avec un tressaut de douleur, implorant)... Pitié !... pitié...!

JÉROME (se précipitant à son chevet et cherchant vainement à le contenir ; mâchonnant, la larme à l'œil et d'une voix angoissée).

M'sieur Raphel !... m'sieur Raphel...!

RAPHEL (se débattant toujours).

Ah! gueuse... Non, je ne veux pas de toi...! Sais bien que tu me fais horreur !... Va-t-en... va-

t-en, horrible mégère... Non, je ne veux pas...!
M'est odieux, ton aspect... Non, non, te dis-je...
je ne veux pas de toi... Je t'en conjure!... Encore
me martyriser, prends-moi donc tout de suite!...
Pourquoi me tourmenter ainsi... Non, je ne veux
pas... laisse, laisse-moi... Tout à l'heure... je t'en
supplie... encore quelques minutes de répit et je
serai à toi... tout à toi. (Clâmant d'une voix oppressée,
le corps secoué plus violemment.) Ah ! gueuse... Non...
non... par pitié...!

JÉROME (s'alarmant).

...Se mourrait pas !... M'sieur Raphel... m'sieur
Raphel !... M'entend pas...!

RAPHEL

Pitié... non... non je te dis, je ne veux pas de
toi...!

JÉROME (éperdu).

M'sieur Raphel... Vous ne me remettez pas...
Mais vous me voyez bien pourtant... M'sieur Raphel...? (Le regard trouble et la voix étranglée...) Crois
qu'il se meurt...!

(Une pause d'un douloureux silence.
L'agitation de Raphel a brusquement
cessé. Jérôme l'envisage un moment sans
mot dire).

JÉROME (toujours en instance auprès de Raphel
et le regard vigilamment braqué sur lui.)

Paraît plus calme... Somnole un peu... (D'une voix altérée et avec un hochement de tête significatif.) Terrible de se voir mourir ainsi... car il n'ignore point son état malheureusement... Avons eu beau tergiverser m'sieur Georges et moi... n'avons pas pu le lui céler plus longtemps... Puis il le pressentait bien... sentait ses forces décroître... s'atrophier de jour en jour...! (infirmant la voix.)... Il rouvre les yeux... (paterne, à demi-voix.) Vous demandez, m'sieur Raphel...?

RAPHEL (avec effort et d'une voix plaintive).

Georges... pas venu encore...?

JÉROME

Non, mais il viendra bientôt, m'sieur Georges... Il a promis qu'il serait là avant dix heures... Soyez certain qu'il ne faillira point à sa promesse, m'sieur Georges...

RAPHEL (morne et avec accablement).

Tarde bien à venir... A tant de choses à me dire !... Sais pas si je pourrai l'attendre...!

JÉROME (persuasif).

Que si... ne vous impatientez pas, m'sieur

Raphel. Vous ne le ferez pas venir plutôt de vous démener comme vous le faites...!

RAPHEL (fébrile et la voix de plus en plus oppressée).

Oh ! oui, je m'impatiente... il me tarde tant de savoir... Tu verras que nous nous manquerons encore !

JÉROME (plus ému qu'il ne voudrait le paraître aux yeux de Raphel).

Quelle idée concevez-vous là, m'sieur Raphel...?

RAPHEL

Il sera de retour, que moi, je serai déjà parti...!

JÉROME (refrénant mal son émotion).

Nous vous ferons appeler... vous viendrez bien ?...

RAPHEL

Je ne vous entendrai pas !

JÉROME (essayant de sourire).

Vous croyez ?...

RAPHEL

Oh sûr... je ne t'entends déjà plus... alors...!

JÉROME (bégayant, éperdu d'angoisse et de terreur).

Vrai, m'sieur Raphel... vous ne m'entendez
déjà plus ?...

RAPHEL (avec sarcasme et d'une voix tenue).

Si, j'entends... le glas des morts ! L'entends
depuis des jours... C'est ma seule distraction,
aujourd'hui...! Tu ne l'entends pas, toi ?,.. tu
l'entendras bien à ton tour... Il ne sonnera bientôt plus pour moi... mais il sonnera pour
d'autres...!

VOIX DE NOCTAMBULES (musant sous les fenêtres).

(Air d'Haydée :)
Ah ! que Venise est belle... etc...

RAPHEL (se soulève sur son fauteuil, sardonique
et arquant le poing).

Chantez... riez... faites les fous... y passerez
comme les autres... Viendra bien, votre tour...
viendra bien vous signifier votre arrêt, à vous
aussi... Allez... ne vous oubliera point et saura bien
où vous trouver... Quoi que vous puissiez médire
les uns des autres... vous irez tous loger à la
même enseigne, quand viendra l'heure... et vous
serez tous aussi falots les uns que les autres, quand
vous pourrirez dans le trou moisi de vos tom-

beaux... Pouvez être puissants et riches... vous n'en retournerez pas moins à l'état embryonnaire... vous n'en serez pas moins d'approche odieuse à vos semblables... et vous n'en aurez pas moins la face abjecte et décharnée à votre lit de mort...!

VOIX DES NOCTAMBULES

Ah! que Venise est belle... etc.

RAPHEL (avec plus de mordacité).

Chantez, riez... faites les fous... la mort vous dispute à la vie... Elles cohabitent toutes les deux en vous... et vous ne vous en doutez seulement pas... Oui, vous la portez en votre être, la mort, et vous ne vous en doutez pas... Vous lui appartenez corps et biens, et vous êtes inféodés à elle, par cela même que vous détenez la vie... Sommes ses concubins qui partageons sa couche... De gré ou de force, nous a... nous violente quand nous ne voulons pas... Ah! la gueuse... s'agglutine encore à moi!.. Non... non... je ne veux pas de toi... Non... je te dis... par pitié!

(Il défaille de douleur et s'affale lourdement sur le fauteuil où il paraît bientôt comme privé de connaissance.)

JÉROME (avec grand trouble, les yeux brouillés
de larmes).

Se raccroche désespérément à la vie... Pauvre
m'sieur Raphel, mourir si jeune !... Lui qui aimait
tant la vie, qui espérait tant d'elle, son bonheur à
venir... Oh ! oui, il l'aimait bien la vie, et il la
chantait si bien aussi... qu'elle n'avait pas beaucoup
à se plaindre de lui... Pourquoi donc se le laisse-
t-elle alors ravir si prématurément ?... La mort
primant la vie, régirait-elle donc ce monde-ci... ?
Puis il avait une mission à remplir, mission quasi
divine... Il nous l'avait confié, à m'sieur Georges
et à moi... l'aurait rendu célèbre s'il avait pu l'accomplir !... (Avec un morne abattement.) Elle n'éclora
point son œuvre... un autre pourra l'entreprendre,
voire même la perpétrer, mais certainement pas
comme il l'avait conçue... (A la perception d'un bruit
venu du dehors.) Qui vient là ?...

SCÈNE II

RAPHEL. — JÉROME. — GEORGES

GEORGES (entr'ouvrant la porte du fond).

C'est moi, Jérôme !...

JÉROME

Ha ! c'est vous, m'sieur Georges ! (Georges entre, referme doucement la porte et descend ensuite vers Jérôme.) Vous arrivez à propos... Ne faites pas trop de bruit qu'il repose !

GEORGES

Pas peur...

JÉROME (à voix basse).

Il vous a réclamé !

GEORGES (avec un décevant sourire).

... Sais bien pourquoi !

JÉROME

Approchez là !

GEORGES (trôlant sur la pointe du pied jusqu'au fauteuil).

... s'est assoupi?...

JÉROME

Oui !

GEORGES

Il paraît plus calme que quand je l'ai laissé !...

JÉRÔME (avec un hochement de tête douloureux).

Il ne l'était pas tout à l'heure, si vous l'aviez vu !...

GEORGES

Il souffre donc toujours beaucoup?

JÉROME

... Le demandez... mais il empire d'heure en heure !...

GEORGES (d'une voix altérée).

Alors, cela s'aggrave?...

JÉROME

... Même rapidement... Crains bien !...

GEORGES (avec un sursaut de tout son corps et d'une voix engorgée).

Tais-toi, Jérôme, ne dis pas ça... cela fait mal !...

JÉROME (balbutiant).

Pardon... croyais à un oubli !...

GEORGES

Et ses hallucinations ?...

JÉROME

Oh ! plus instantes que jamais !

GEORGES

Alors... se voit mourir ?...

JÉROME (d'une voix sourde).

S'il se voit mourir... Allez... il n'ignore point
son état... Il m'a même dit tout à l'heure, voir la
mort assise à son chevet...

GEORGES (avec un mouvement d'effroi).

Que dis-tu là ?...
> (La voix des deux hommes de plus en
> plus sombrée.)

JÉROME

Je dis qu'il voit la mort assise à son chevet !...

GEORGES

Mais il déraisonne quand il dit ça !...

JÉROME

Il dit ce qu'il voit !...

GEORGES

Elle est donc ici... ?...

JÉROME

Oui... elle s'est immiscée peu après votre sortie.

GEORGES

Tu l'as vue... toi ?...

JÉROME

Non... mais elle m'a frôlé en passant !...

GEORGES

Et tu sais où elle est, à présent ?

JÉROME

Oui, elle est entre lui et moi...

GEORGES (indiquant du doigt).

Là... alors ?...

JÉROME (vivement).

... Désignez pas !...

GEORGES

... Là, dis ?...

JÉROME

Là oui !... S'est piétée là près de son fauteuil !...
Oh ! vous ne la pouvez pas voir... ni moi non
plus... Sa griffe ne nous a pas encore stigmatisés,
pour qu'elle soit de sitôt perceptible à notre regard... Lui seul la peut voir !...

GEORGES

Et elle l'endêve?...

JÉROME

Dites... le martyrise... Oui, elle veut lui donner l'accolade... et lui ne veut pas... se refuse...
Alors... elle le supplicie, le tyrannise... et il en
sera ainsi jusqu'à la fin... Quand elle l'aura suffi-
samment évidé... alors elle s'en rendra maître...
se l'octroiera !... (Tout à coup, lui saisissant la main et
la lui broyant ; impérieusement.) Bougez pas !...

GEORGES (ânonnant).

Qu'est-ce donc qui se passe ?

JÉROME (balbutiant, livide).

... A changé de place... vient vers nous !...

GEORGES (s'apeurant).

... Qui ça ?

JÉROME (d'une voix à peine articulée).

... Elle !

GEORGES (blème).

... Horreur !

JÉROME

... Dites rien... elle ne nous verra peut-être pas !...

GEORGES

... Elle trôle toujours vers nous ?...

JÉROME

... Je crois (chancelant, le front moite de sueur) ... nous frôle... sentez pas ?...

GEORGES (déssillant les paupières).

... Elle passe sans nous voir !...

JÉROME

... Oui, elle s'éloigne... elle ne nous a pas vus...

GEORGES

Elle lui laisse donc encore un moment de répit !...

JÉROME

... A la respiration plus calme aussi.

GEORGES

Oui, il parait moins oppressé...

JÉROME

... Le réveillons ?...

GEORGES

Tu ne crois pas qu'il serait plutôt préférable de le laisser reposer quelques heures de plus ?...

JÉROME

Il lui tarde tant de vous voir, m'sieur Georges, puis vous avez tant de choses à lui dire, aussi. Vous vous êtes enquis de ce qu'il vous a demandé... Vous êtes allé aux renseignements comme vous lui aviez promis ?...

GEORGES

J'avais juré de me les procurer coûte que coûte... j'ai tenu ce que je lui ai promis...

JÉROME

Ha... vous avez vu la personne ?...

GEORGES

Je l'ai même entretenue...

JÉROME (lui étreignant les mains et avec effusion).

Vrai ça ?... Oh ! comme vous allez le rendre heureux, m'sieur Georges !...

RAPHEL (l'esprit adiré comme en un songe
et susurrant le nom de l'Aimée).

... Edmée... Edmée !...

JÉROME (avec amertume).

Ah ! que n'est-elle là assise à son chevet, comme l'était l'autre tout à]l'heure... elle l'arracherait peut-être des griffes de la mort...

GEORGES

Ah ! c'était bien là son plus cher désir !

JÉROME

Alors... pourquoi ?...

GEORGES (avec une expression de morne accablement).

Mais elle n'a pas pu venir...

JÉROME

On peut tout quand on aime... j'ai là ça dans

les livres... Vous ne dites pas comme moi, m'sieur
Georges ?...

GEORGES

Si, je dis comme toi...

JÉROME (un pli au front et le sourcil froncé).

Alors pourquoi ne l'avez-vous point amenée?...
C'est donc qu'elle n'a point voulu venir...?

GEORGES (les yeux sur Raphel).

Non!...

RAPHEL

Edmée... Edmée...

JÉROME

Vous ne lui avez peut-être pas dit qu'il se mourait...!

GEORGES

Si, je lui ai dit...!

JÉROME (stupéfié et avec un tremblement dans la voix).

Vous lui avez dit qu'il se mourait et elle n'a
pas voulu venir... Mais elle ne l'aimait donc pas
comme lui l'aimait... Mais il s'affinait donc,
m'sieur Raphel, quand il nous disait, qu'elle sem-

blait lui porter quelque affection... Il se méprenait donc le pauvre enfant...?

RAPHEL

Edmée... Edmée...!

JÉROME (âpre et mordant).

Elle s'est donc jouée de lui; ou bien l'avait-elle affriolé dans l'espoir de se l'asservir pour plus tard, quand on lui aurait reconnu du talent, à défaut de génie... La femme aime fort qui la tire hors de pair et la quintessencie du commun des mortelles... Aime l'homme pour elle-même, pour le vernis ou le décorum qu'il lui peut prêter un jour. (Avec un brusque haut-le-corps et une sourde exclamation de haine et de mépris.) Ça se pourrait donc qu'elle ne l'aimât point... (enflant la voix.) Dites, m'sieur Georges, cela se pourrait-il qu'elle ne l'eût jamais aimé?... (avec un cri de révolte.) Oh! alors, elle est indigne de lui...!

GEORGES (lui imposant silence du regard ;
avec grand calme et d'une voix posée).

... Ne dis pas ça, Jérôme; ne dénigre pas cette jeune fille qui est la candeur et l'honnêteté mêmes Elle vaut mieux que tu ne crois, quoi que t'en semble...

JÉROME (avec acrimonie).

Elle ne le montre pas toujours. Si elle l'aimait réellement comme vous dites, c'était bien le moins qu'elle vienne lui donner à son lit de mort le baiser de l'éternel adieu... Oui, c'était son devoir de l'assister à son lit de mort... Elle ne l'a point fait!..

GEORGES

Si elle ne l'a pas pu !

JÉROME (endêvant).

Elle n'a pas pu... vous dites toujours ça... Eh ! qu'est-ce qui portait donc empêchement à cela, je vous prie?...

GEORGES

Parce qu'elle n'habite plus la ville...!

JÉROME (médusé de surprise).

Elle n'habite plus Venise, mademoiselle Edmée !

GEORGES (s'assurant que Raphel ne peut l'entendre).

Oui, elle s'est retirée du monde... elle a prononcé ses vœux...!

2.

JÉROME (avec explosion et un grand flux de paroles).

A osé, l'infâme quand lui se meurt...! C'est une lâcheté dont Dieu lui tiendra compte...!

GEORGES (impératif et avec une mâle assurance.)

Jérôme, ne ravaude pas plus longtemps cette noble et pure enfant... ou je te prends à parti... nous nous querellons... Te l'ai dit, elle vaut mieux que tu ne crois... car sache bien que si elle a pris le voile, c'est qu'elle y a été contrainte par les siens...

JEROME (béant).

Comment, contrainte...?

GEORGES

Eh oui, contrainte de fléchir devant les objurgations réitérées de sa famille... Oh! elle s'est rebellée longtemps!... Elle a crié, imploré, récriminé en vain... Rien n'y a fait... elle n'a pu vaincre leur entêtement!... Ils savaient tous, qu'elle était férue d'amour pour Raphel; et que, un jour ou l'autre, elle se laisserait peut-être enlever par lui ... Aussi ont-ils voulu prévenir son dessein et l'ont-ils incontinent éloignée de la ville... Oh! il l'aurait tuée, le père, si la mère n'avait pas été là, à intercéder pour sa fille, quand il a su qu'elle échangeait une correspondance clandestine avec Raphel, et qu'elle s'était promise à lui...!

JÉROME (ébaubi).

Mademoiselle Edmée s'était promise à lui...?

GEORGES

Oui, elle se doutait bien, la pauvre enfant qu'elle ne pourrait jamais lui appartenir légitimement; aussi avait-elle solennellement tenu le serment de se donner à lui, un jour ou l'autre...

JÉROME (avec une émotion contenue).

Bien vrai ce que vous dites là, m'sieur Georges?... S'était promise à lui, mademoiselle Edmée...?

GEORGES

Raphel me l'a ratifié lui-même...!

JÉROME

Vous me dites bien la vérité au moins, m'sieur Georges... vous ne me leurrez pas...?

GEORGES (levant la main et d'une voix sentencieuse).

...Te le jure... sur l'honneur...!

JÉROME (rasséréné).

Alors, elle est toujours digne de lui, son Edmée.
Je rétracte, les propos malveillants que j'ai pu,
tout à l'heure, tenir à son encontre. Je l'ai offen
sée insciemment... j'en demande pardon à Dieu.
S'enlevant et avec un saint respect.) Elle, la haut prô-
née... la tant aimée... se promettre à un miséreux... Elle, la patricienne par essence, se décon-
sidérer aux yeux du public... discréditer sa répu-
tation d'honnête femme, pour satisfaire au besoin
d'aimer et d'être aimée... C'est beau, c'est grand,
c'est noble, c'est généreux! Vous disiez vrai,
m'sieur Georges, tout à l'heure... elle vaut mieux
que je ne pensais... Je la disais indigne, il n'y a
qu'un instant, je la jugeais un opprobre... Eh
bien maintenant, je la révère comme une sainte,
comme une déité...!

GEORGES (désignant Raphel).

Il a fait un mouvement, je crois qu'il s'éveille!

JÉROME

Vous dites vrai, il entr'ouvre les yeux...

GEORGES

Il nous fixe, mais il ne nous voit pas.

JÉROME

Il ne nous remet pas encore.

GEORGES

Si, mais il ne nous discerne plus maintenant qu'à travers le prisme ténébreux de la mort...

JÉROME

Comme il a le regard atone... Vous ne trouvez pas, m'sieur Georges...?

GEORGES

C'est la promiscuité de la mort qui lui vitrifie ainsi le regard... Vois l'entour de ses yeux...!

JÉROME

Eh bien...?

GEORGES

Ce cerne qui lui bistre les paupières...! Tu ne sais pas ce qu'il indique... tu ne reconnais pas la main qui l'a tracé ?...

JÉROME (avec un tressaillement aussitôt réprimé).

Ah si!...

GEORGES (orant toujours à mi-voix).

C'est l'apostille de la mort que tu vois là... son sceau indélébile...!

RAPHEL (se soulevant sur le fauteuil ; avec mansuétude et d'une voix imprécise, mais doucereuse).

Georges, pas de retour encore ?...

GEORGES (à Jérôme).

Il nous parle... réponds, toi !

JÉROME (à Raphel).

Si, il est de retour, m'sieur Georges... vous ne le voyez donc pas là, devant vous ?...

RAPHEL (les prunelles troubles et papillottantes).

Non... le vois pas... !

GEORGES (s'approchant plus près de Raphel et lui prenant la main).

Le voilà ton Georges... tu le réclamais... ?

RAPHEL (exultant d'allégresse).

Lui, toi... Georges... enfin... !

GEORGES (avec tendresse, s'agenouillant auprès de lui).

Raphel !

RAPHEL

Ah ! mon ami... je désespérais bien de ne plus te revoir !

GEORGES

Que dis-tu là, Raphel ? Tu croyais peut-être que je te manquerais de parole... Alors, tu n'avais pas foi à ma promesse, tu doutais donc de moi ?...

RAPHEL (lui posant ses deux mains sur les épaules et le rapprochant plus près de lui, avec un navrant sourire).

Je ne doutais pas de toi, mon Georges, mais je doutais de moi... !

GEORGES (se faisant violence pour maîtriser le trouble qui l'oppresse).

Comment, tu doutais de toi... ?

RAPHEL (la voix amère).

Oui, je me débattais en vain contre la mort... Accroupie à mon chevet, elle pressurait déjà tout le sang de mon être... la goule... ! Ah !... j'ai bien cru un moment ne plus pouvoir attendre ton retour, tant elle me torturait, la gueuse... !

JÉROME (s'alarmant).

Vous ne vous doutez pas qu'elle peut vous entendre, m'sieur Raphel...

RAPHEL (avec grand calme).

Mais si, je le sais bien, qu'elle m'entend... Je parle assez haut pour cela... Je dis bien ça aussi pour qu'elle l'entende... Je sais bien que je le paierai de tout mon sang ce que je dis là... je m'en moque... Je l'objurgue bien assez en temps ordinaire... Cela ne l'empêche point de s'immiscer dans ma couche et de vouloir à toute force s'accoupler à ton ami...

GEORGES (effrayé).

... Dis pas ça, Raphel... Cela aberre l'esprit ce que tu dis là... !

RAPHEL (poursuivant d'une voix dolente).

Je résiste désespérément, mais je succomberai bientôt... Elle évide la vie en moi, la démone... elle me pressure jusqu'à l'ultime goutte de mon sang... Je parle fort pour qu'elle m'entende mieux... Ho !... elle ne me tourmentera pas plus qu'elle a déjà fait. Entendez-la bruire au dehors... En fait-elle des siennes, la gueuse... !

GEORGES (instamment).

Raphel !

RAPHEL (avec une pouffée de rire sardonique).

Elle récupère des forces pour m'assaillir à nouveau tout à l'heure !...

JÉROME (avec un sanglot dans la voix).

Oh ! mais vous ne pensez pas ce que vous dites-là, m'sieur Raphel !...

RAPHEL (avec un douloureux sourire).

Tu crois peut-être que je me dissimule mon état... Va, je sais bien... quoi que je fasse ou que je dise, que je lui appartiendrai quand même...

JÉROME (vivement).

Non, vous ne lui appartiendrez pas... puis, nous ne l'entendons déjà plus, m'sieur Georges et moi... elle vous aura certainement oublié, m'sieur Raphel...

RAPHEL

Il se peut que vous autres, vous ne l'entendiez déjà plus... mais moi, je l'entends toujours... A l'œil obstinément fixé sur moi... me térèbre l'être de la flamme ardente de son regard... épie tous mes faits et gestes, comme si elle se méfiait de moi... Allez, elle ne me perd pas un seul instant de vue !... (clamant tout à coup) Ah !... la démone !...

JÉROME (s'effarant).

Taisez-vous, malheureux !...

RAPHEL (dans un levain de fiel, et d'une voix cinglante).

... Craignez pour votre vie, peut-être ?...

GEORGES (avec brusque haut-le-corps).

Frère, que dis-tu là ?...

RAPHEL (s'amendant aussitôt).

Ho pardon...! (il baisse la tête et s'éplore silencieusement.)

JÉROME (à demi-voix, à Georges).

Il va s'aberrer encore, si nous ne lui chassons
ses humeurs noires de l'esprit...

GEORGES

Tu as raison... (appelant à mi-voix) Raphel... M'entend pas... ami...!

JÉROME

M'sieur Raphel!...

RAPHEL (comme en sursaut, dressant la tête,
les yeux noyés de larmes).

Ha ! c'est vous, c'est toi, Georges... J'ai la tête
si peu à moi que je ne vous remettais déjà plus !

GEORGES (avec vivacité).

... Suis allé où tu m'avais dit...

RAPHEL (repérant ses souvenirs).

Où je t'avais dit !... (réprimant un éclat de voix) Ah, Edmée !... Elle adire même jusqu'à son souvenir de ma pensée, l'infâme !... (baissant la voix) Georges, viens là, près de moi... plus près encore, qu'elle ne t'entende pas... Elle sait qu'elle est sa rivale... qu'elle s'était promise à moi... aussi appréhende-t-elle à tout moment de la voir apparaitre... Causons bas, car elle est aux écoutes... Sieds-toi là... plus près encore... (instamment et d'une voix fiévreuse. Alors, tu l'as vue, Edmée... dis vite, tu lui as causé...?

GEORGES

Non, je ne l'ai pas vue...!

RAPHEL (avec grand trouble et bégayant).

Non, tu ne l'as pas vue, Edmée... Alors ?

GEORGES (avec une morne résolution).

Raphel, je te dois la vérité pleine et entière... Aussi bien, il serait puéril de ma part de vouloir te céler quelque chose... Je préfère donc te dire tout de suite ce qui en est...

RAPHEL (hagard, fébrile,
d'une voix profondément altérée).

Ho !… non… pas tout de suite, prépare-moi… m'a tant bouleversé ce que tu viens de dire… que je ne sais plus seulement si j'existe à l'heure qu'il est… Patiente un peu… tu veux bien… dis?… C'est trop terrible, ce que tu vas m'annoncer là… Attends que je récupère quelque peu de mes forces… Tu vas me porter un coup cruel… je le vois bien… Oh, ne dis pas non, je le lis dans ton regard !…

GEORGES (avec une exhortation muette).

Ami !

RAPHEL (son regard atone anxieusement fixé
sur les prunelles troubles de Georges).

En ce moment, je lis dans tes yeux comme je lirais dans un livre ouvert…! (après un long et pénible silence) Eh bien… Edmée… non, ne me dis pas… je le lirai dans ton regard… J'aime mieux… cela me sera toujours moins cruel que de l'entendre tomber de tes propres lèvres. (Après un muet examen, s'hallucinant tout à coup) Edmée… en danger de mort… peut-être…?

GEORGES (baissant la tête, avec un sanglot
lui entrecoupant la voix).

Tu ne la reverras jamais plus, ton Edmée…!

RAPHEL (affolé, éperdu et lui broyant la main,
d'une voix rauque et martelée).

... La reverrai plus, mon Edmée !... Tu plaisantes Georges, tu dis ça pour rire...! La reverrai plus, mon Edmée... mais tu sais bien que ça ne peut pas être ce que tu dis là...!

GEORGES (avec effort).

Il n'est pourtant que trop indubitable...

RAPHEL (dans une explosion subite
et d'une voix saccadée).

... Georges...!

GEORGES (détournant la tête devant le regard inquisitif
de Raphel).

... Raphel...!

RAPHEL (d'une voix estomaquée).

Edmée se meurt... mens pas...?

GEORGES (avec assurance).

Non, elle ne se meurt pas...!

RAPHEL (incrédule).

Se meurt pas... bien vrai, Georges, tu ne m'affines pas ?

GEORGES

Tu veux que je ne te cèles rien, tu m'as dit...!

RAPHEL (avec une tannante angoisse).

Oui... oui, je veux tout savoir, quoi qu'il m'en puisse coûter !

GEORGES (sans lever la tête et d'une voix qu'il essaie en vain de raffermir).

Hé bien, elle a pris le voile, ton Edmée... Elle s'est retirée du monde...

RAPHEL (avec un sourire incrédule).

Edmée a pris le voile ? Qu'est-ce que tu dis là... Je crains que tu ne t'aberres, mon Georges...!

GEORGES

Je ne m'aberre point... je te rapporte uniment ce qui m'a été dit... Libre à toi ensuite d'ajouter foi ou non à mes paroles... Tu penses bien que je n'ai aucun intérêt à te mentir...

RAPHEL (amène et sans rancune).

Je le sais bien, mon Georges... n'empêche qu'ils t'ont leurré, les gens, qui t'ont donné pour véridique, une si folle information !...

GEORGES (levant enfin la tête).

Pourtant, je le tiens d'une personne qui lui est proche...

RAPHEL (réprimant mal le trouble qui l'étreint).

Proche à Edmée...?

GEORGES

Enfin, qui la voit et la visite journellement. Je ne sais si elle avait ou non intérêt à me mentir...

RAPHEL (inquiet).

Tu veux me nommer cette personne...?

GEORGES

Renée, sa gouvernante...!

RAPHEL (bégayant de stupeur).

C'est Renée qui t'a rapporté cela...?

GEORGES

Eh, oui !

RAPHEL (portant la main à sa poitrine
et s'éboulant à la renverse).

Ah !...

GEORGES (prévenant sa chute).

Raphel !

RAPHEL (le rembarrant).

Laisse !

GEORGES (le contraignant de vive force ; avec douceur).

Ami !...

JÉROME (anonnant, d'une voix éplorée).

M'sieur Raphel, m'sieur Raphel !

RAPHEL (frappé au cœur ; avec une profonde altération
de voix et de visage).

Edmée a pris le voile !... Elle veut donc que je
l'oublie...! (avec un sanglot lui déchirant la gorge)...
M'aime plus, mon Edmée...!

GEORGES

Mais si, elle t'aime toujours !

RAPHEL (s'ancrant à cette idée).

M'aime plus, je te dis... m'aime plus, mon
Edmée !... Crains de me l'avouer, mais le lis dans
tes yeux... m'aime plus, mon Edmée, m'aime
plus... (tout à coup, se dressant, les prunelles désorbitées et
d'une voix suffoquée par les sanglots) Vrai... qu'elle ne
m'aime plus, mon Edmée... (A Georges) Tu viens
de le dire, toi. Dis, mon Gerges... vrai, qu'elle
ne m'aime plus, mon Edmée...?

GEORGES

Mais si...

RAPHEL (contraint par Georges à la passivité).

Je ne veux plus de la vie si elle ne veux plus de moi, mon Edmée...!

GEORGES

Raphel, je t'en conjure...

JÉROME

M'sieur Raphel... m'sieur Raphel...!

RAPHEL (se rebellant et faisant des efforts surhumains pour se dérober à l'étreinte de Georges).

Non... non... n'en veux plus de la vie...

GEORGES

Frère !

JÉROME

M'sieur Raphel...! m'sieur Raphel !...

RAPHEL (s'aberrant de douleur).

Non... non... n'en veux plus de la vie... A moi... à moi la mort... à moi...!

GEORGES et JÉROME (lui obturant la bouche).

Malheureux !

> (Un temps. — Les deux hommes se
> piètent un moment sur place, l'œil aux
> aguets et sans mot dire).

JÉROME (les yeux sur Raphel).

Non... viens pas !...

GEORGES (à mi-voix).

Elle n'aura peut-être pas perçu le bruit de ses paroles... (A Raphel, lui dévrillant la bouche) Tu t'entêtes à ne vouloir pas m'écouter... Je te dis, moi qu'elle t'aime toujours, ton Edmée... j'en ai la ferme conviction... Si elle ne t'aimait plus, est-ce qu'elle aurait souffert le martyre qu'elle a enduré pour toi, la chère enfant?... Ce sont ses parents qui l'ont contrainte de prononcer ses vœux... Pourquoi?... parce qu'ils se doutaient, que te sachant malade et que t'aimant aussi éperdûment, qu'elle le leur avait bénévolement avoué, elle oserait tout, même un scandale, pour s'enfuir de chez elle et venir te rejoindre ici... Aussi, pour prévenir toute fugue de sa part, l'ont-ils momentanément cloitrée dans un couvent de la Péninsule... au refuge de San-Pietro, je

crois. Ils sont demeurés inflexibles devant ses
prières et menaces... menaces d'attenter à ses
jours... Ils lui ont vu prendre le voile sans
remords, voire même sans regret, comme si
leur fille n'existait déjà plus pour eux...

JÉRÔME (avec une ironie méprisante).

Il faut croire, que vous n'étiez pas de sang assez
illustre pour eux, m'sieur Raphael... Vous l'auriez
eu vicié, votre sang ; et fussiez-vous encore, improbe
et sans le sou, que, possédant un titre nobiliaire
quelconque, et plus ou moins authentique, vous
auriez certainement été agréé par la famille, si
vous aviez plu aux parents comme vous avez plu
à la jeune fille. Mais à l'heure d'aujourd'hui, il
faut bien le reconnaître, ils aiment encore mieux
voir polluer le sang de leurs filles, que voir discréditer leur nom...

GEORGES

Il a la noblesse du cœur, Raphel ; c'est pour
moi la plus belle, étant encore la plus rare...
C'est la seule appelée à régner en souveraine avant
qu'il soit peu, quand nous apparaîtra à tous la nouvelle aurore...

JÉROME

Et quand éclora un monde meilleur...

GEORGES (s'exaltant).

C'est elle qui le régira et parachèvera l'œuvre
des hommes... Sera sous son égide que se fera la
palingénésie nouvelle si impatiemment attendue
par nos frères d'armes... C'est elle qui préconi-
sera et donnera l'ultime essor au spiritualisme qui
est la vraie formule de vie des âges à venir... la
panacée nouvelle qui détergera le globe des
sources de sa corruption et restaurera la société
sur des assises plus humanitaires... (Voyant Raphel
prostré dans une attitude de componction touchante.) Que
fais-tu là, Raphel ?

RAPHEL (les mains jointes et avec ferveur).

... Demande à Dieu si je suis toujours digne de
l'amour de mon Edmée...

JÉROME (loquace et exultant).

C'est un ange que votre Edmée, m'sieur Raphel,
un ange comme on n'en voit que trop rarement
ici-bas...

GEORGES (onctueux).

... Mérite qu'on fléchisse les genoux à l'appel

de son nom, et qu'on la vénère comme une sainte
que Dieu rappellerait à lui... Elle était digne des an-
ciens âges, de l'âge d'or... où la femme aimait encore l'homme pour lui-même, et non du siècle irreli-
gieux et prosaïque où nous vivons... Heureuse-
ment pour elle et pour toi, que ton pieux amour l'a
rachetée et purifiée de la salacité de ce siècle-ci...

RAPHEL (faisant signe aux deux hommes
qui acquiscent immédiatement à son désir, de se rapprocher
confidentiellement de lui ;
d'une voix affaiblie qu'il essaie en vain de raffermir).

Georges, Jérôme, approchez tous les deux...
J'ai à vous entretenir l'un et l'autre... Donnez vos
mains que je vous sache près de moi... Car, je
vous l'avoue... je ne discerne déjà plus que confu-
sément les traits de votre visage... Tout s'enténèbre autour de moi... je ne vous entrevois plus
à présent, que comme estompés en formes
ondoyantes, indécises, comme reclus en un vague
éloignement... en un stérile et lointain paysage.
Je sens la vie décliner rapidement en moi... Aussi,
je n'ai pas beaucoup de temps à vous donner...
vous préviens... L'heure sonnera bientôt, où nous
nous donnerons le baiser de l'éternel adieu... Oh !
je n'incrimine en rien la Providence... Elle a fait
ce qu'elle a dû, et comme telle, elle est immuable

dans ses arrêts... J'aurais pu espérer, sans doute, obtenir dans ma jeunesse, plus de bonheur, qu'il ne m'en a été départi jusqu'à ce jour... Il faut des iniquités et des infortunes, ici-bas, pour persuader aux hommes, qu'il existe quelque part un Dieu réparateur des injustices de ce monde... L'idée mère de Dieu nous vient de là, de l'excès même de nos maux... Si tous les hommes s'estimaient heureux de la condition de vivre qu'ils apportent en naissant et s'ils ne récriminaient et n'objurguaient point sans cesse contre les arrêts du destin... l'Eglise n'aurait que faire de ses dogmes et de son culte et tomberait bientôt en décrépitude, démonétisée de son faîte par l'improbation et la risée publiques...! (Musique de danses au lointain).

GEORGES

Tu te fatigues de parler, Raphel, tu devrais prendre un moment de repos...?

RAPHEL (avec un sourire sardonique).

Du repos... Tu crois peut-être que j'en aurai besoin pour après ma mort... C'est ça, si les morts se portaient eux-mêmes en leurs ossuaires... (Macabre.) ...Empuantiraient trop les villes... croyez pas...

attendraient bien d'être trop décharnés pour se retirer du monde.

GEORGES (avec tendre reproche)

Raphel !...

JÉROME (avec sollicitude).

Vous récupéreriez toujours quelques forces si vous vous reposiez tant soit peu, m'sieur Raphel...

RAPHEL

Peu ou prou, cela ne retarderait pas de beaucoup le moment du départ... Elle n'admet point de répit dans ses actes, la Mort... Savez-vous où elle est en ce moment... ?

GEORGES (avec un mouvement).

Où elle est... !

JÉROME (balbutiant en a parté).

Peut-être ici... !

RAPHEL (fiévreux, avec des mouvements fébriles
et d'une voix âpre, mordante).

Non, vous ne devinez pas ?... Puis, vous chercheriez en pure perte, vous ne l'éventez pas comme moi... eh bien... elle est là-bas... (il détend le bras vers

le fond) où vous entendez cette musique de danse.
Oui, elle a été un moment, là-bas, se divertir en
licencieuse et bruyante compagnie... Il semble
étrange que je le perçoive à semblable distance...
Ce que je vous dis là, n'est pourtant que trop indubitable... Entendez, comme elle les fait rire... Elle
se sera affublée, pour l'occurence, de l'enveloppe
humaine de quelque bachelette connue des mirli-
flores, et elle fleurette maintenant avec eux, elle
les aguiche... les affriole de son souris de bac-
chante énamourée... souris insidieux qui cèle un
rictus de mort effarant... Se récrée en attendant
l'heure. Elle fait peut-être aussi de la besogne...
Avait quelqu'un à voir là-bas, peut-être... Elle va
lui inoculer le mal, puis elle l'abattra dans deux,
trois, ou huit jours... suivant qu'elle le jugera op-
portun... Chantez, riez, faites les fous... avez ce
soir l'esprit en fête, demain... aurez peut-être le
cœur en deuil ! (Avec un douloureux branle de tête.
Ah ! combien est ténu le fil qui nous tient rivés à
la terre... et combien notre existence est frêle et
pusillanime... Un rien dans l'infini, un atome, un
grain de sable jeté dans le désert, un fétu de paille
que soulève et emporte le souffle capricieux des
vents... telle peut se comparer notre piètre existence ici-bas... (S'éplorant en silence.) Ah ! dans quel-

ques années, on saura même bien si j'ai existé et si j'ai eu ma place marquée au banquet de ce monde... !

GEORGES

Tu ne penses pas ce que tu dis là, Raphel !

RAPHEL

Je dis ce que je me pense... et je pense peut-être plus encore que je ne dis...

GEORGES (à Raphel, d'une voix mouillée).

Alors, tu n'as plus foi en l'affection de ton Edmée, ni en la nôtre, je vois... !

RAPHEL (comme recouvrant la raison).

Edmée... Edmée !

GEORGES (bas à Jérôme).

Il retombe à la réalité !

RAPHEL (s'apeurant sur un mouvement des deux hommes).

Qui vient là ? (Récolligeant ses souvenirs; avec un brusque revirement, d'une voix doucereuse, câline.) Ah ! c'est toi, Georges !... Jérôme... Où est Jérôme... je ne le vois plus près de moi... ?

GEORGES

Il est là, Jérôme.

JÉROME

J'ai ma main dans la vôtre, m'sieur Raphel.

RAPHEL (se convaincant, rasséréné).

Ah ! oui, il est là, Jérôme... Vous ai déjà prévenus que je n'avais plus guère la tête à moi...
aussi, il n'est pas besoin que je m'excuse auprès
de vous de mon inadvertance, n'est-ce pas...? Vous
savez tous les deux aussi bien que moi, ce qu'il en
est de ma condition présente... M'aveulit tout
l'être, la goule... Evague même jusqu'au souvenir
de ma pensée... Veut pas que j'y pense, à Edméc...
Est jalouse, la gueuse. (Se soulevant un tantinet sur le
fauteuil.) Mais à présent que je me sens mieux, tu
vas m'entretenir d'elle... Dis, mon Georges, tu
veux bien...? Tu as tant de choses à me dire, et
puis, il me tarde tant de savoir aussi... Penses
donc, bientôt une heure que tu es là, et tu ne m'as
encore rien dit... !

GEORGES (se récriant).

Mais si !

RAPHEL (pantois d'étonnement).

Comment, tu m'as entretenu d'elle... mais quand ça mon Georges? je ne me souviens plus... (Tout à coup, repérant ses membrances, avec douleur et sanglotant.) Ah! si, si, mécréant que je suis... j'oubliais, je la rêvais encore à moi dans mon naïf amour, comme si nous devions jamais nous revoir un jour...!

GEORGES (s'efforçant de paraître calme aux yeux de Raphel).

Ici-bas, peut-être... mais là-haut !... Tu n'en conserves donc même plus l'espoir ?...

RAPHEL (avec contrition, hoquetant, d'une voix martelée).

Oh! si... te l'avoue... si je ne vivais pas dans cette expectative... je crois que j'en perdrais la raison... Je la sens déjà si peu à moi...

GEORGES (se laissant gagner par les larmes).

Elle t'aime bien trop, ton Edmée, pour pouvoir te survivre un seul instant...

RAPHEL

N'empêche que nous aurons souffert loin l'un de l'autre, des jours que nous aurions pu vivre à nous aimer. Nous ne les revivrons plus, ces jours-là, quoi que t'en semble... Puis, il n'est pas dit aussi qu'elle vienne de sitôt me rejoindre... Nous ne souffrons pas la même vie, tous les deux, quoique incorporés par l'amour l'un à l'autre... Nos destinées n'ont point convolé ensemble ainsi que l'ont déjà fait nos cœurs...

GEORGES (étourdiment).

Tu ne sais pas si à l'heure qu'il est...

RAPHEL (avec angoisse et précipitamment).

Georges, pourquoi n'achèves-tu point ta pensée... Tu as peur de me voir défaillir, peut-être... Tu crains que je ne m'aberres...? Va, je serai fort... Quoi que tu dises, je ne souffrirai pas plus que ce que je souffre à l'heure présente (Avec un sourire amer.) Nous nous sommes unifiés l'un à l'autre, la douleur et moi... Semble pas, mais je vis de mes propres souffrances aujourd'hui... Aussi, n'a-t-elle plus de prises sur moi et s'émousse-t-elle maintenant à chacun de ses coups... Nous vivons des mêmes affres tous les deux et étanchons notre soif à la même source de vie...

GEORGES (l'exhortant à plus de calme et de modération).

Raphel !

RAPHEL (à Georges).

Tu ne sais pas encore qui elle est, la douleur ;
tu ne t'es peut-être pas encore accointé à elle !
Eh bien ! elle est le satellite de la mort... Oui...
mais ne le dis à personne au moins, qu'on n'aille
point le lui rapporter comme venant de moi...
Ah ! je la tancerais belle si elle se doutait seulement que je t'aie eu dit ça... (sur un bruit perçu de
lui seul, prêtant un instant l'oreille, le regard anxieusement
fixé sur la porte du fond ; après une pause d'attention cir-
conspecte et soutenue, redressant enfin la tête, avec un frisson de terreur et d'une voix altérée)... Elle est donc
revenue !...

JÉROME (qui a pris la main de Raphel dans les siennes,
à demi-voix, à Georges).

La fièvre le gagne sensiblement... Sentez bat-
tre son pouls, m'sieur Georges... Terrible de le
voir s'atrophier ainsi !...

RAPHEL (d'une voix engorgée).

... Sens son regard peser sur moi... chantonne
en attendant l'heure...

GEORGES (se révoltant à cette idée).

Et ne pouvoir lui apporter aucune allégeance à
ses maux !

JÉROME (sans réfléchir, haussant la voix).

La plus efficace des allégeances serait encore l'assistance de son Edmée auprès de lui... Vous ne dites pas comme moi, m'sieur Georges?...

RAPHEL (surpris de ce qu'elle ne l'ait pas encore assailli).

— Tiens... elle me fait donc encore l'aumône d'un moment de répit!...

JÉROME (sur un hochement de tête dubitatif de Georges).

Non, vous ne croyez pas que si mademoiselle Edmée était là ?...

RAPHEL (avec un mouvement).

Edmée... (agrippant Georges par le bras et l'attirant vers lui; avec vivacité).
Ah! Georges... Georges.... viens là !... maintenant que je me rappelle... que disais-tu, tout-à-l'heure, à l'égard d'Edmée, que tu n'as point voulu, sur le moment, achever ta pensée...

GEORGES (éludant la question).

Sais pas... me souviens pas !...

RAPHEL (instamment et d'une voix brève).

Si tu le sais, rappelle-t'en !...

GEORGES

... Te dis que non !...

RAPHEL

Dis que tu ne veux pas... Alors... m'en vais te le dire... moi... sais bien que je lis dans ta pensée... Georges !...

GEORGES (détournant la tête).

Raphel !

RAPHEL (avec une mâle énergie et le scrutant au fond de l'âme).

Tu penses, que nous ne savons pas, si à l'heure présente, Edmée, n'a point déjà tranché le fil de sa lamentable existence... Est-ce point là sur quoi tu méditais, avoue ? (gêne, embarras de Georges). Tu crois peut-être à un pur fait du hasard ?... Détrompe-toi et sache bien que la promiscuité de la mort prête à l'homme agonisant, une acuité de perception merveilleuse, qui perfore et met à nu, les secrets replis des âmes les plus contraintes et les plus réfractaires à toute investigation intime...

(après un silence). Non, elle n'est pas morte, mon Edmée. Elle manifesterait bien plus bruyamment sa joie, la gueuse, si elle n'était plus. Elle ne décèlerait pas cette inquiétude au moindre bruit venu du dehors... Elle n'appréhenderait pas à tout moment de la voir apparaître à mon chevet, si elle avait la prénotion certaine de sa mort... Non, elle n'est pas morte, mon Edmée ; et pourtant... je l'avoue... j'aimerais mieux encore la savoir morte que cloîtrée... (avec volubilité.) Au moins, il ne tiendrait qu'à moi de la rejoindre au plus tôt... Ha... je la saurais vite rendue à mon affection, alors... Oh je ne temporiserais point pour la vite rejoindre, mon Edmée. (Après un temps de réflexion profonde, avec une anxiété poignante, les yeux lui ruisselant de larmes.) A quelle triste extrémité me vois-je donc réduit, mon Dieu, que j'en vienne maintenant jusqu'à réclamer par ma voix, jusqu'à espérer pour mon amour, la mort de mon amante... Insensé que je suis !...

GEORGES (avec sollicitude).

Raphel !

JÉROME (s'attendrissant).

M'sieur Raphel ! m'sieur Raphel !

RAPHEL (s'exaltant derechef).

Insensé que je suis... Vivrons-nous la même vie
pour vivre le même amour... L'âme humaine est-
elle donc immuable aux tendres effusions des
cœurs, qu'elle les croit immarcessibles à tout jamais. Se transmue-t-elle pas sous la double influence des âges et de l'espace... des siècles et de
l'immensité...? O ciel impénétrable, quel esprit
audacieux, dévoilant tes ténébreux mystères, dira
jamais ce que tu cèles à l'homme, au plus profond
de tes sacrés parvis !...

GEORGES

Je t'ai dit quelles furent ses dernières paroles
à Renée, quand ses parents l'ont mandée auprès
d'eux pour lui dicter leur volonté formelle ?...

RAPHEL

Non, tu ne m'as pas dit encore.

GEORGES

Sans mon Raphel...

RAPHEL (avec un signe impératif lui désignant
la porte du fond).

Plus bas qu'on nous écoute... (suspendu aux lèvres
de Georges).

Ho ! dis vite, mon Georges !...

GEORGES

Sans mon Raphel, la vie n'a plus pour moi d'attraits, ni plus de propensions... Si je meurs, dites-lui bien que la mort ne résigne point la foi jurée, que l'amour se joue des vains obstacles, et que, quoi qu'il advienne, Edmée, ne réprouvera jamais le vœu solennel qui l'a unie à l'élu de son cœur et l'a sacrée l'épouse du poëte, de son Raphel aimé !...

RAPHEL (avec une ferveur extatique).

O celui-là qui, au seuil même de la mort, à l'ultime moment de paraître devant son souverain juge, et qui, oyant de semblables paroles d'une voix amie, ne s'est point senti tressaillir d'une sainte allégresse, et n'a pas, avec effusion, remercié son Dieu, de la joie ineffable dont il le comblait... celui-là, fût-il grand de la terre ou miséreux comme le dernier des humbles, celui-là, n'a jamais aimé et n'est point digne du jour qui le voit vivre... Non, il n'aima jamais, celui qui, rejetant toute croyance, a méconnu le nom de Dieu. Peut-il croire à l'amour et rêver de bonheur, celui qui ne croit pas à la survivance des âmes, à la pérennité des êtres dans l'au-delà. (Avec un élan mystique et

une exaltation croissante.) O amour, flambeau divin,
qui épand et irradie ta bienfaisante clarté, dans
les méandres des âmes, les plus contraintes, les
plus ulcérées, par les traverses et afflictions de la
vie ; ta lancinante flamme est l'invincible attache,
l'incoercible lien, qui essorant, en un même en-
vol vers les cieux, deux âmes sacrées sœurs, les
unit dans le même élan de foi naïve et leur insuffle
aux lèvres la prescience de leur Dieu !...

> (Minuit sonne au beffroi de la ville,
> répercuté par les campanilles des cités
> avoisinantes).

JÉROME (avec un tressaillement aussitôt maîtrisé).

Minuit !

> GEORGES (avec une expression d'effroi,
> dissimulant son trouble).

Déjà !

SCÈNE III

RAPHEL. — JÉROME. — GEORGES. — La voix de PAOLO, puis celle de DJANNINE.

La voix de PAOLO (sous les fenêtres).

Une étoile a percé la brume
Et s'irradie dans le ciel noir ;
Sur le flot somnolent, l'écume
S'irise aux derniers feux du soir.

(Sur les derniers rythmes de ce couplet de barcarolle, RAPHEL, ravi et captivé, s'échappe de l'étreinte des deux hommes et se dirige lentement vers la fenêtre entrebâillée de droite).

La voix de DJANNINE

Ah ! mon Paolo !

La voix de PAOLO

Djannine, ma Djannine aimée !

GEORGES

Qui muse là sous les fenêtres, à pareille heure de la nuit ?

JÉROME

De jeunes amants, sans doute, qui s'en reviennent de la fête !

GEORGES

Tu vois ce que c'est, Raphel ?

La voix de PAOLO (balbutiant d'amour).

Je t'aime... je t'aime...

La voix de DJANNINE (avec ivresse).

Oh ! redis... redis encore...

GEORGES (appelant).

Raphel !

RAPHEL (l'esprit au pourchas de quelque chimère ; extasié).

Ah ! laissez-moi à mon rêve ; n'est-ce pas la voix de mon Edmée que j'entends là.

La voix de PAOLO

L'oiseau s'est tu sous la feuillée,
L'ombre se fait autour de nous.
Vois dans le ciel, ô mon aimée,
De nos ébats, les astres sont jaloux.

DJANNINE

Mon Paolo !

PAOLO

Djannine !

DJANNINE

Je t'aime !

PAOLO

Tu m'aimes ?...

DJANNINE (languide et paressant).

Je t'aime, je t'adore...

PAOLO (éperdu d'amour).

Tes lèvres, ô mon amante, tes lèvres, donne tes lèvres...

DJANNINE (voluptueuse et minaudant).

Tu veux mes lèvres, mon Paolo... tiens, me voilà toute... ne suis-je pas à toi... toute... toute... corps et âme !...

PAOLO

O ma Djannine aimée !... (bruit de baisers).

DJANNINE

Tu m'aimes bien, au moins... dis, mon Paolo ?

PAOLO

Enfant, oses-tu bien seulement le demander...
(dans un baiser)... Sais bien que oui !

DJANNINE

Dis que tu m'aimes, mon Paolo !...

PAOLO

Je t'aime, ma Djannine !...

DJANNINE (langoureuse et patelinant).

Tu m'aimes... Oh ! redis... redis encore... Dis,
mon Paolo...

PAOLO

Quoi, ma Djannine ?

DJANNINE

Dis encore que tu m'aimes... Oh ! dis-le-moi,
mon Paolo !

PAOLO

Ah ! oui, je t'aime... je t'aime... je t'aime...
à te tuer, Djannine, si jamais...

DJANNINE

Et à te tuer ensuite... N'aie crainte, mon Paolo !

Tu sais bien que je suis toute à toi... toute, toute, corps et âme (bruit de baisers).

La voix de PAOLO

Laisse ma main s'égarer dans la tienne,
Laisse mon front se pencher sur ton sein.
Entends le flot jaser sa cantilène,
Le ciel illuminé préside à notre hymen !

RAPHEL (l'esprit accoisé en une sombre méditation; ratiocinant, d'une voix mouillée et ânonnante).

Dire, que peut-être à l'heure présente, la mort leur tisse maléfiquement dans l'ombre, leur linceul, à tous les deux... et ils se jurent un amour éternel... Insensés !

PAOLO (dans un baiser).

Djannine !

DJANNINE

Mon Paolo !

PAOLO (avec insistance).

Je t'aime et je te veux !

DJANNINE (extasiée d'amour et se chafriolant en l'étreinte de Paolo).

O tes lèvres, tes lèvres... toute... toute à toi... toute à mon Paolo... Ah ! que je t'aime... que je t'aime !

PAOLO (avec passion).

Djannine... ma Djannine aimée !

DJANNINE (s'annihilant d'amour).

Toute... toute... toute à toi... Toute à mon Paolo. Oui, toute... toute... corps et âme !...

RAPHEL (arqué sur place, sans mouvement, comme statufié ; d'une voix basse et réfléchie).

Ils s'élancent tous deux par le désir au sein de l'immensité des cieux, et ils ne se doutent pas que chacun de leurs vœux est un pas qu'ils ambulent au-devant de la mort... Insensés, insensés que vous êtes !...

DJANNINE (avec un sanglot de reconnaissance dans la voix).

M'aimeras-tu toujours ainsi ?...

PAOLO

Toujours, toujours... Et toi, Djannine, et toi ?

RAPHEL (avec un rire sardonique).

Dieu seul le sait !

DJANNINE (dans un baiser, mielleuse et l'enjolant).

... Sais bien que je t'ai dans le sang... et que je ne pourrais vivre sans toi !

PAOLO

Vrai, ce que tu dis là ?

DJANNINE (le gourmandant).

... As l'air de l'ignorer... Comme si tu ne savais pas... (Mutine et l'instigant.) Oh ! le méchant... mériterait...

PAOLO (semi-badin, semi-sérieux).

Quoi je mériterais ? Ho ! bien gentil ce que tu dis là... Tu oses me dire ça à moi... Sommes fâchés tous les deux... Hou... hou... la méchante !

DJANNINE (contrite et repentante).

Tu sais bien que je dis ça et que je ne le ferai point... Je le voudrais que je ne le pourrais pas. Tu fais de moi tout ce que tu veux... tu le sais bien que trop... ne dis pas non... Ah ! je sais bien seulement si j'existe quand je suis loin de toi... Ton amour est ma vie, je ne vis que par toi... Toi seul est mon soutien. (S'éplorant avec bruit, sincère et résolue.) Sais bien que je mourrais si tu venais à me manquer... Pourrais pas te survivre, ... serait trop au-dessus de mes forces... Y succomberais vite à cette peine... Va, je n'aurais pas besoin de me donner la mort ; elle viendrait vite à moi... Elle n'attendrait pas mon appel... Elle aurait tôt fait de me réunir à toi !...

> (Raphel, bouleversé par ce flux de paroles et cette intensité de passion, refoule à grand' peine un sanglot qui lui monte sourdement à la gorge.)

PAOLO (morne et appréhensif).

Pourquoi ces tristes pensées viennent-elles soudain assombrir ce front resté si pur... Laisse là l'avenir, Djannine... tu sais bien qu'il ne nous appartient pas... Nous l'expecterions en vain... Il ne se discerne pas à notre faible entendement... Soyons tout au présent, vivons-en tant qu'il est à nous... (Avec exubérance.) A lui notre reconnaissance, à lui toutes nos joies... Lui seul nous appartient, lui seul est notre égide... (dans un baiser) lui seul me donne ton amour !

DJANNINE (radieuse et l'affriolant).

Toujours, tu m'aimeras toujours... dis, mon Paolo ?...

PAOLO (avec effusion).

Toujours... je t'aimerai toujours !...

DJANNINE (répétant à satiété).

Toujours !

PAOLO (*ponctuant le mot d'un baiser sonore*).

Oui, toujours !

DJANNINE (*qui s'avoue satisfaite pour l'instant*).

Oh ! merci... merci, mon Paolo !

PAOLO.

Djannine, ma Djannine aimée !...

DJANNINE

Tes lèvres, ô mon Paolo, tes lèvres... donne tes lèvres... encore... toujours !...

RAPHEL (*vaticinant toujours*).

De ces deux êtres, si éperdûment épris l'un de l'autre, que restera-t-il dans quelques années d'ici... Une pincée de cendres, que le souffle des vents essaimera aux quatre coins du globe et que fouleront indifféremment jusqu'à la fin des âges, la tourbe des humains !

La voix de PAOLO (*orant dans le lointain*).

Que vogue ma nacelle
Vers ces bois embaumés
Où le regard décèle
L'Amour sous les genêts.

(*La voix s'infirme de plus en plus et s'éteint peu à peu dans l'éloignement.*)

SCÈNE IV

RAPHEL. — GEORGES. — JÉROME

RAPHEL (s'éboulant sur les genoux,
les mains jointes, les yeux tamisés de larmes,
et avec des sanglots plein la voix)

Oh ! vivre... vivre pour aimer, et puis mourir !...

GEORGES (au bruit de sa chute, accourant à lui).

Frère !

JÉROME (s'élançant à la rescousse).

M'sieur Raphel !

RAPHEL (avec une exaltation croissante).

Ah ! Edmée, pourquoi un sort funeste nous a-t-il arrachés l'un à l'autre... L'horizon de nos rêves s'estompait à nos yeux sous de trop riants auspices, pour ne pas être spécieux et ne nous point celer d'insidieux mensonges !...

JÉROME

Il ne nous entend pas !

GEORGES

Frère, c'est moi, ton Georges !...

RAPHEL

O mon amante... t'avoir à moi, toute à moi, libre et sans contrainte; te posséder mienne aux yeux de tous et vivre ouvertement de notre amour, tous les deux, et durant encore de longues et bénignes années... (S'éplorant silencieusement. Oh ! non, c'était là nous offrir, ô Seigneur, une félicité trop parfaite... une béatitude trop ineffable, pour devoir jamais advenir à un mal venu, à un souffreteux semblable à moi.

GEORGES

Frère !

JÉROME (la larme à l'œil).

M'sieur Raphel, c'est moi, Jérôme... votre bon vieux Jérôme ?... Sommes-là tous les deux, m'sieur Georges et moi... Vous nous remettez bien...?

GEORGES

Frère, c'est moi, ton Georges !

RAPHEL (d'une voix suffoquée par les sanglots).

Oh! vivre, vivre pour t'aimer... et puis mourir!

GEORGES

Raphel... je t'en conjure... Tu ne nous remets pas?

JÉROME

Le pauvre hère, il sait bien seulement s'il existe à l'heure qu'il est...

RAPHEL

Tes lèvres, tes lèvres... Donne tes lèvres, ô mon amante...

JÉROME

A la tête brûlante... trouvez pas, m'sieur Georges... dirait que tout son sang lui afflue au cerveau.

GEORGES

Tu dis vrai, Jérôme, sa vie s'est toute réfugiée là... Compressée qu'elle est de toutes parts par la mort, elle s'est insensiblement concentrée en ce dernier asile...

RAPHEL

Edmée... Edmée, je t'aime et je meurs!...

JÉROME

Oh ! ses yeux, ses yeux, m'sieur Georges, on les dirait pleins de la mort !

RAPHEL (avec des hoquets d'agonie et s'affalant à la renverse).

Edmée... Edmée !

GEORGES (prévenant sa chute).

Frère !

JÉROME

M'sieur Raphel, m'sieur Raphel... perd connaissance... se mourrait pas ?...

GEORGES (vivement à Jérôme et maintenant Raphel).

Prends-le vite avec moi... Le porterons jusqu'à ce fauteuil... dépêche-toi... crains qu'il ne soit trop tard...

(Ils le soulèvent d'une escousse et le portent incontinent, sur le siège de droite, où ils le circonviennent de leurs soins).

JÉROME

Pauvre m'sieur Raphel !... Est-il Dieu possible de faire ainsi souffrir les honnêtes gens !...

RAPHEL (en un spasme d'agonie).

Ah ! j'ai la gorge en feu... A boire... donne à boire, mon Georges.

GEORGES (à Jérôme qui va immédiatement pour déférer
à son désir).

Voudrais pas… le corps lui transsude de sueur…
pourrait peut-être lui réfrigérer le sang. Mésuse-
rions-là certainement, l'un et l'autre !…

JÉROME

Vous croyez, m'sieur Georges ?…

RAPHEL (avec une mimique désordonnée).

Veux pas… Georges ? Ah ! j'étouffe… j'étouffe…
Georges… Jérôme ?… Par pitié… ah ! vous voulez
ma mort !…

JÉROME

Voulons sa mort !…

GEORGES

Qu'est-ce que tu dis là !

JÉROME

Il a dit que nous voulions sa mort, m'sieur Geor
ges.

GEORGES

J'avais bien entendu !

JÉROME

Voulons sa mort, nous… ho !…

GEORGES

Malheureux !... Oses-tu bien seulement concevoir une semblable pensée ?...

JÉROME

Oh ! il est excusable, car il n'a certainement pas conscience des paroles qu'il a prononcées là !...

GEORGES (réprimant un sanglot).

Tu ne sais pas le mal que tu nous fais !...

JÉROME (les joues vermiculées de larmes; emplissant
un verre d'eau et le lui portant aux lèvres).

Tenez !... buvez... c'est bien vous qui l'aurez voulu... Je ne voudrais pas ensuite avoir plus tard ce remords sur la conscience... car je ne me le pardonnerais pas !...

RAPHEL (fébrile et avec une anxiété prégnante).

Quel est ce cri bizarre qui soudain s'essore à travers l'espace... On dirait la clameur de détresse de quelque infortuné... N'entendez pas, vous autres ?... S'évague pourtant jusqu'à nous... Discerne juste... c'est bien là un râle d'agonisant... La gueuse perpètre encore son œuvre... C'était peut-être là, le quidam qu'elle avait à voir là-bas, et pour qui elle m'a esseulé tout à l'heure... Et maintenant, elle parachève son œuvre... elle lui a inoculé le virus... et elle attend... Encore un déporté de la vie !... Mais elle se particularise cette voix, elle stride de plus en plus instante... Dirait même qu'elle s'oriente vers ici... Oui... se rapproche sensiblement... La réverbération de la lampe se profilant sur les objets d'alentour, lui servirait-elle de fanal, et assurerait-elle sa marche incertaine, au travers de la profondeur des ténèbres ?...

GEORGES (à Jérôme).

Tu entends quelque chose, toi ?

JÉROME

Je prête en vain l'oreille... je ne perçois rien d'insolite ; et vous, m'sieur Georges ?

GEORGÈS

Moi, je dis comme toi, je ne perçois rien d'anormal...

RAPHEL

M'abuserais-je point ? On dirait que le son de cette voix ne m'est pas inconnu... Etrange !...

JÉROME

Il va s'aberrer encore si nous ne le diversifions

pas... Vous verrez ce que je vous dis, m'sieur Georges.

RAPHEL

Oui, m'est connue... crois bien... m'est même
familière... Georges, te rappelles pas quelqu'un le
timbre de cette voix ?... Moi, plus j'y songe et plus
je me confirme dans l'idée que j'ai entendu cette
voix-là quelque part. Où ?... Dieu seul le sait...
En vain, je repère mes souvenirs, ils n'évoquent
momentanément en moi aucune image connue...
Oh ! oui, elle m'est familière... Ah ! si j'avais encore toute ma lucidité, incontinent, je vous dirais...
Je crois bien qu'elle m'est familière, cette voix !...
Oh ! je saurai bien !...

GEORGES (à Jérôme).

C'est encore un leurre qu'il se forge là ; vous
ne croyez pas, m'sieur Georges ?

RAPHEL

Oh ! étrange... dirait la voix !...

JÉROME

Elle n'est peut-être perceptible que pour lui
seul, la clameur qu'il entend là !...

RAPHEL (avec un sursaut de stupeur,
et laissant choir le verre qui se brise sur le parquet, avec fracas ;
— se levant d'un bond et d'une voix suffoquée).

Edmée !... c'est la voix d'Edmée que j'entends
là !... Edmée se meurt !...

GEORGES (à Jérôme).

Qu'est-ce qu'il dit là, Jérôme !...

JÉROME

Que mademoiselle Edmée se meurt !...

GEORGES

Edmée se meurt !...

RAPHEL (se dressant avec épouvante).

Oui, c'est bien là l'accent, l'inflexion de sa
voix... C'est bien là la voix de mon Edmée... Ah !
horrible... horrible, ce que j'entends là !

JÉROME (cherchant à l'apaiser).

M'sieur Raphel ! m'sieur Raphel !

GEORGES (l'étreignant contre lui).

Frère !...

RAPHEL (leur broyant la main dans les siennes
à tous les deux).

Edmée se meurt,... vous dis qu'Edmée se
meurt !...

JÉROME

Vous êtes sûrement le jouet d'une hallucination, m'sieur Raphel !

GEORGES

Oui, tu prends ton rêve pour la réalité...

RAPHEL (d'une voix oppressée, haletante, et les faisant se tordre de douleur à ses pieds).

Vous dis qu'Edmée se meurt... M'appelle... entendez... M'appelle, mon Edmée... m'appelle, me tend les bras... me crie de lui venir en aide... Va mourir, mon Edmée !

(Les deux hommes, se dérobant à son étreinte, le collètent à leur tour, vivement, par chacun des bras, et parviennent un moment à le maîtriser).

GEORGES (qui craint, qu'il ne se livre à la longue, à quelque emportement regrettable).

Frère !

JÉROME (instamment).

M'sieur Raphel !

RAPHEL (avec une exacerbation croissante).

Entendez... réclame son époux... m'appelle mon Edmée... veut pas mourir sans son Raphel... attend que je lui vienne en aide... serait trop terrible de mourir l'un sans l'autre... L'aime tant mon Edmée... l'aime tant son Raphel... Ah ! nous nous aimons bien tous les deux... Aussi, nous mourrons ensemble !...

GEORGES

Frère !

JÉROME

M'sieur Raphel !

RAPHEL

Nous nous aimons tant et tant que nous mourrons de notre amour...

SCÈNE V

RAPHEL. — GEORGES. — JÉROME.
La voix d'EDMÉE.

La voix d'EDMÉE (au dehors, quasi imperceptible).

Raphel !...

RAPHEL (aux autres).

Vous entendez, maintenant !

GEORGES (éberlué de surprise).

Ce n'est pas une illusion... tu as entendu, Jérôme ?...

JÉROME (avec un frémissement).

M'a glacé d'épouvante...!

LA VOIX (appelant).

Raphel !

RAPHEL (faisant des efforts surhumains pour se dégager
du carcan de chair qui lui opprime l'être).

Entendez... m'appelle, mon Edmée... m'appelle... m'adjure de lui venir en aide... laisse... laissez... me tend les bras... implore ma venue... laisse... laissez, vous dis-je... laisserez-vous...! (se délivrant de l'étau des deux hommes) Mourrons ensemble, mon Edmée...!

LA VOIX

Raphel !

RAPHEL (affranchi de toute entrave,
il s'élance avec impétuosité vers la porte du fond).

A toi, mon amante... à toi, mon Edmée, je viens, je suis à toi... (s'arrêtant court, devant la dite porte, qui s'entr'ouvre sans bruit et qui se referme de même ; médusé de terreur) Ah !... malédiction !

JÉROME

... Dirait qu'il chancelle...!

GEORGES

Va s'ébouler à la renverse, si nous ne prévenons sa chute !

> (Tous deux se précipitent à son entour
> et l'entraînent en grande hâte, vers le
> fauteuil de gauche.)

RAPHEL (en proie à une terreur folle).

Georges... Jérôme !... êtes là tous les deux... ah ! ne me quittez pas... si vous saviez... est là tapie derrière cette porte... Veut pas que je parvienne jusqu'à elle... Savait que son appel serait entendu... Aussi s'est apostée là... sur le seuil de la porte... Sais bien que par cette issue la fuite ne m'est plus possible... elle m'obture le passage... puis a son œil fixé sur moi... elle m'étrillerait à la moindre incartade... et alors... serait tôt fini pour moi (avec des sanglots lui comprimant la voix) Veut pas que je meure avec mon Edmée... ah ! mon Georges... Jérôme !

GEORGES

Frère !

JÉROME

M'sieur Raphel !

> (Ils s'éplorent tous trois silencieuse-
> ment.)

RAPHEL

Je ne vous fais pas pitié !

> LA VOIX (se rapprochant, plus distincte
> et plus expressive.)

Raphel !

> RAPHEL (se redressant d'un soubresaut,
> la lèvre frémissante.)

Edmée... Edmée se meurt !

> (Avec un emportement farouche, s'en-
> levant, superbe ; avec jactance et toni-
> truant.)

Oh ! mon amante, je tenterai l'impossible pour parvenir jusqu'à toi... Non, il ne sera point dit que la mort nous aura esseulés l'un de l'autre... J'irai jusqu'à toi... mon Edmée... Advienne que pourra... T'arracherai à elle... ou j'y laisserai ma vie...!

> (Il va derechef, pour se précipiter vers
> la porte du fond ; mais Georges et Jérôme,
> acccourant à l'improviste, l'appréhendent
> au passage et le maintiennent vigoureu-
> sement.)

GEORGES

Tu ne l'oserais pas... Raphel !

RAPHEL

Laisse... laissez...!

GEORGES

Frère !

JÉROME

M'sieur Raphel ! m'sieur Raphel !

GEORGES

Tu ne vois pas que tu cours à ta perte...

LA VOIX (clamant toujours).

Raphel...

RAPHEL (avec frénésie).

Ne cherchez pas à me retenir ou je ne réponds plus de moi !

GEORGES

Tu ne sortiras pas...!

JÉROME

Non, vous ne sortirez pas...

RAPHEL (bravache et stridulant, dans un éclat de rire).

Sortirai pas...!

JÉROME

Non, vous ne sortirez pas, ou vous nous passerez plutôt sur le corps à m'sieur Georges et à
moi !

GEORGES (avec une morne résolution).

Non, moi vivant, tu ne sortiras point d'ici !

LA VOIX

Raphel !!!

RAPHEL (suppliant, les mains jointes
et d'une voix mouillée).

Par pitié... Georges... Jérôme... non... voulez
pas ?

LA VOIX

A moi... à moi !

RAPHEL (affolé, éperdu).

Ah !... se meurt... Georges... Jérôme (les violentant) Place... place... (il se libère de l'étreinte des deux
hommes et va pour s'élancer au dehors. Derechef, l'huis,
mû par une force occulte, s'entrebâille et se referme mys-
térieusement à son approche).

LA VOIX

A moi... à moi... Raphel... à moi... à moi !

RAPHEL (comme galvanisé d'épouvante
et avec un cri d'indicible terreur).

Ah ! la gueuse... m'a éventé !

LA VOIX

T'attends... mon Raphel... t'attends pour mourir !...

RAPHEL (ployant les genoux).

... M'attend pour mourir...!

LA VOIX

Ah ! viens, viens vite, mon Raphel !

RAPHEL (se roidissant dans une coercition extrême
pour se porter en avant et avec une désolation amère).

Je ne peux pas... je ne peux pas...!

LA VOIX

Tu ne m'aimes donc plus !

RAPHEL (dans un déchirement de tout son être
et d'une voix inarticulée).

... Edmée...!

LA VOIX

... Veux pas que nous mourrions ensemble ?...

RAPHEL (secoué par un spasme d'agonie).

Edmée... ah... m'étreint... me suffoque... m'anéantit...!

(Il s'abat lourdement à la renverse.)

LA VOIX

Raphel !... Raphel !...

RAPHEL (emporté dans les bras des deux hommes sur le fauteuil de gauche, où il demeure bientôt comme inanimé).

... Peux pas... peux pas... peux pas...

LA VOIX

A moi... à moi...

GEORGES (profondément troublé).

Frère !

JÉROME (avec une anxiété croissante).

M'sieur Raphel !

GEORGES

... A perdu connaissance...!

JÉROME

Etes sûr, m'sieur Georges...? Craignez pas...?

GEORGES (se penchant et l'auscultant en toute hâte).

Quoi ?... Que ce ne fût plus là qu'un cadavre ?

JÉROME (livide et chancelant).

Vous avez dit, m'sieur Georges...?

GEORGES (se redressant, avec un accent de triomphe).

Rassure-toi... Raphel ne court présentement aucun danger... l'affirme sur l'honneur... La gueuse ne nous l'a point encore ravie...

JÉROME

Vous dites vrai, au moins, m'sieur Georges !

GEORGES

Viens là et écoute... tu t'assureras mieux toi-même... Bien, tu ne dis pas comme moi...?

JÉROME (qui s'est penché à son tour, relevant la tête
et à mi-voix).

Si... mais bat bien faiblement... trouvez pas, m'sieur Georges... Crains bien qu'il n'en ait plus pour longtemps à vivre... Il s'atrophie trop sensiblement...

GEORGES

Ont dit qu'il ne passerait pas la nuit complète... Il approche du terme... il y atteindra avant l'aube.

JÉROME

Oui, l'heure sonnera bientôt où nous lui donnerons le baiser de l'éternel adieu... Doit nous prévenir quand il se sentira les premiers prodromes...

GEORGES (avec un hochement de tête dubitatif).

Savoir si elle lui en laissera le temps...

(Tout à coup, son regard vacillant.)

Ho... mais, bizarre !...

JÉROME (les paupières clignotantes).

... Etrange...!

GEORGES

Ce que je ressens là...

JÉROME

Ce qui se passe en moi !

GEORGES

On dirait qu'une force invincible m'obture les paupières... Je cherche en vain à réagir... elles se clorent malgré moi...

JÉROME

Il m'advient comme à vous, m'sieur Georges...

GEORGES

...Crois que nous subissons là quelque maligne influence...

JÉROME

Comme un brouillard intense s'évague devant mes yeux, m'alourdit les paupières...

RAPHEL (rigide, les paupières closes,
la nuque renversée sur un bras du fauteuil et d'une voix ténue,
mais palpitante).

Entendez... m'appelle, mon Edmée... m'appelle,... me tend les bras... réclame son Raphel...

GEORGES (s'éboulant sur les genoux auprès de Jérôme).

Drôle... me tiens déjà plus sur mes jambes... Une torpeur étrange envahit tout mon être et m'incite au sommeil...

JÉROME

Dirait que je tombe d'insomnie... Me refrêne... mais en vain... m'enlise de plus en plus... Oh pour sûr, m'sieur Georges que nous sommes là le jouet de quelque maligne influence...

RAPHEL.

M'attend, mon Edmée... m'attend pour mourir... veut pas mourir sans son Raphel... M'aime tant...

mon Edmée... l'aime tant son Raphel... serait trop terrible de mourir l'un sans l'autre...!

GEORGES

Ne dors pas, Jérôme !

JÉROME

Voudriez pas m'sieur Georges... bien oui... !

RAPHEL (toujours prostré sans mouvement
sur le fauteuil).

Oh ! je tenterai l'impossible ¦ pour parvenir jusqu'à toi, mon Edmée !

GEORGES (s'assoupissant).

Dors pas...!

JÉROME (se récriant, d'une voix caverneuse).

Quand je vous dis... (avec un ronflement sonore)... crois que je dors !

DEUXIÈME TABLEAU

LE RÊVE

(Le fond de droite du théâtre s'ouvre, et laisse entrevoir diffusément, un linéament de la décoration de l'avant-scène : Un galetas noyé dans la pénombre).

SCÈNE I

RAPHEL. — GEORGES. — JÉROME.
l'ombre de RAPHEL, puis la MORT

(L'ombre de Raphel, valetant de part et d'autre).

RAPHEL (d'une voix ânonnante et dévidant toujours
l'écheveau d'un songe, mais sans mimique).

Entr'ouvrons la porte sans bruit... Elle ne me
verra peut-être point passer... Elle ne se doute pas
de ma téméraire entreprise, sans cela, elle serait
déjà auxa guets... Elle somnole, peut-être, en attendant l'heure... Elle sonnera bientôt, l'heure... Je
tâtonne pour trouver la porte, je ne la discerne
pas dans l'obscurité... Crois que je me suis four-
voyé... Oui, il me semble que ce n'est pas dans
cette direction... Je vague là à l'aventure... Comment m'assurer...? Il fait nuit noire... tout est ténèbres autour de moi ?... Avançons prudemment...
je touche le loquet... Je ne me blousais donc
pas... c'est bien cela... la porte... est entr'ouverte... Elle l'a peut-être entrebâillée pour se

6

mieux repaître de son œuvre... Malheur !... Elle
a grincé sur ses gonds... Maudite, sois-tu !...

(Il ouvre la porte toute grande et y
découvre la Mort sur le palier) (1).

Ah ! la gueuse... épiait ma sortie... m'a éventé...
me vrille maintenant le passage... veut pas que
je rejoigne mon Edmée... Passeras pas !... Si, je
passerai, dût-il m'en coûter la vie, je parviendrai
jusqu'à elle... je sais bien que je cours à ma perte et
que je ne t'échapperai point... n'importe, je passerai quand même et malgré toi encore...! Oui, je
l'oserai... tu vas bien voir... Tu crois peut-être
que tu m'épouvantes... oh ! je t'envisage sans
effroi... le temps a passé, où je redoutais ton
approche... tu t'es rendue trop familière ici pour
que je n'y aie pas gagné à te mieux connaître...

LA VOIX D'EDMÉE

Raphel... Raphel !...

RAPHEL (les dents serrées et la voix creuse).

M'appelle, mon Edmée... entends... réclame
son Raphel... se meurt... place... place... Passerai
pas !... Crois çà, toi... Vas bien voir... T'imagines

___

(1) L'ombre mime ici la scène que le poète édicte.

peut-être que je n'oserai point aller à ton encontre !... Si, l'oserai... place... te réitère... veux pas... veux pas me faire place... veux pas que je rejoigne mon Edmée...?

LA VOIX D'EDMÉE

Ah ! viens, viens vite... mon Raphel !

RAPHEL

Par pitié, je t'en conjure ? Nous nous aimons tant et tant... qu'est-ce que cela peut te faire à toi...! Après... tu sais bien que tu m'auras à toi, tout à toi... Non, tu ne veux pas... c'est bien là ta volonté formelle... tu ne veux pas que je rejoigne mon Edmée ?... Passeras pas !... Donc, toujours, toujours ce mot néfaste tombera de tes lèvres... Tu te ris de ma douleur et tu te complais à ma souffrance... je le vois bien !... Passeras pas !... Eh bien, si, je passerai, je franchirai le seuil de cette porte et je parviendrai jusqu'à elle... Mourrons ensemble, mon Edmée... place... place... oui... mourrons ensemble...!

(L'ombre va pour passer outre; mais la Mort, arquant farouchement le bras, le rejette brutalement en arrière).

LA VOIX D'EDMÉE

Hâte-toi, hâte-toi... mon aimé...!

RAPHEL (poursuivant comme en a parté).

Peux pas... pourrai jamais... Crois que je n'ai plus qu'à mourir... cela ne changera pas de beaucoup ma condition... Je ne me sens déjà plus vivre... M'a anéanti le coup qu'elle m'a porté là... m'a perclus tout l'être... je ne sais plus seulement si j'existe... Si pourtant... il subsiste bien encore un vibrion de vie en moi... en cherchant bien ..!

LA VOIX D'EDMÉE

Hâte-toi... hâte-toi...!

RAPHEL

Elle s'est là, piétée, comme implantée en terre... Elle attend l'heure...! J'ai bien cru un moment qu'elle allait en finir avec moi, quand elle m'a écaché là. Oh ! je ne perdrai rien pour attendre... Elle doit bien rire de moi, toujours, si je ne lui fais pas pitié... Elle marmonne quelque chose entre ses dents... je ne saisis pas bien... Elle ne veut être entendue que de moi seul, sans doute... (l'interpellant) Que mâchonnes-tu là, vieille sorcière... Tu te ris de ma faiblesse... Tu dis ?... Passeras pas...! Encore... toujours... tu me fronderas donc jusque dans la tombe... Passeras pas...! Tu ne desserres les dents que pour me jicler cette

avanie au visage... Passeras pas...! Je sais bien
que je ne pourrai jamais par là... je rêvais l'impossible, tout à l'heure, quand j'ai tenté de franchir
le seuil de cette porte... J'avais trop présumé de
mes forces... Je suis bien trop mièvre créature
pour pouvoir avantageusement lutter contre toi...
Aussi, tu m'as molesté... Mais je ne me rebute
point pour cela... je ne désespère pas encore de la
rejoindre, mon Edmée... J'ai dit que je parviendrai jusqu'à elle ou que j'y laisserai plutôt ma
vie... je tiendrai ce que j'ai promis...

LA VOIX D'EDMÉE

Comme tu tardes, mon aimé... ah ! viens vite,
mon Raphel !

RAPHEL (poursuivant, toujours à part soi).

Trouverai bien une autre issue... Par là, il n'y
faut plus songer... Elle fait trop bonne garde, la
gueuse...! Je ne vois pas...? Ah ! la fenêtre... n'y
pensais pas... est justement grande ouverte... se
prête merveilleusement... N'ai qu'à me rapprocher
de quelques pas... en m'agrippant à la balustre...
j'aurai vite fait de me jeter à la nage... (Rampant en
catimini vers la fenêtre de droite.) Crains qu'elle ne pré-
vienne mon projet... elle me fixe étrangement...

6.

on dirait même qu'elle se doute... Il ne serait pas
déjà l'heure...? Amblons toujours vers la fenêtre... M'aveulit tout l'être... son regard... Je
sens qu'il me scrute au plus profond de l'âme...
Elle se méfie, bien sûr. Mon trouble ne lui décèlerait pas...? Je tâche en vain de me raffermir...
je pallie mal ma faiblesse... Il me décontenance,
ce regard, il me chavire tout l'être... Amblons...
amblons toujours... encore quelque effort et
j'atteins la fenêtre...

LA VOIX D'EDMÉE

Raphel... Raphel!

RAPHEL

Sa voix faiblit de plus en plus... le flot ne
l'aurait pas submergée...? Oh! je parviendrai
jusqu'à elle... Encore une épaulée et j'atteins la
balustre.

LA VOIX D'EDMÉE

Oh! mais, tu ne m'aimes donc plus!...

RAPHEL (refoulant un spasme d'indicible souffrance).

Edmée...! (Sur un tressaillement de l'Autre, avec une
émotion contenue et d'une voix sombrée)... A fait un
mouvement!... (La Mort trôle vers lui.) Ce n'est pas

une illusion... je ne me méprends pas... on dirait qu'elle ambule vers moi...! (rétrogradant toujours vers la fenêtre) Serait-ce déjà l'heure...? Je ne me trompais pas... Elle ambule bien vers moi... Elle ricane... exulte d'aise...

LA VOIX D'EDMÉE

A moi...! à moi...!

RAPHEL

Elle s'approche lentement en grommelant quelque patenôtre... Il doit être l'heure, car je ne perçois plus le son des cloches... Elle s'avance vers moi, les bras ouverts... sans doute pour mieux resserrer son étreinte... Alerte... n'ai que le temps...!

LA VOIX D'EDMÉE

A moi... à moi...!

> (La Mort va pour la colleter au passage; mais l'Ombre l'évite prestement, enjambe en toute hâte la balustre et se précipite dehors.)

RAPHEL

Mourrons ensemble, mon Edmée...!

> (Mais la Mort ne se dépite point pour cela et enjambant à son tour l'appui de la fenêtre, se jette résolument sur les traces de l'Ombre).

TROISIÈME TABLEAU

(Le fond de droite du décor change instantanément et repré-
sente un îlot perdu dans l'Adriatique. — Déchaînement
de la tempête. — Rais lunaire baignant l'îlot de sa clarté
laiteuse. — Edmée, agriffée désespérément à une aspérité
de roche, le corps mi-submergé par le déferlement des
hautes vagues).

SCÈNE I

RAPHEL. — GEORGES. — JÉROME.
EDMÉE, puis l'ombre de RAPHEL

EDMÉE (affolée, éperdue d'angoisse et de douleur).

Accours, viens vite, mon Raphel... Sens la mort
s'approcher... va bientôt être là... l'entends bruire
sous moi... Ah ! viens vite, mon Raphel... Nous
n'aurons plus guère le temps de nous aimer si tu
te laisses ainsi distancer par elle... Elle gagne sur
toi, ô mon époux... entends-la mugir au-dessous
de moi... elle pressure déjà sa proie... Hâte-toi...
hâte-toi, mon aimé. Bientôt, il ne sera peut-être
plus temps... Veux pas que je meure sans toi, dis,
mon Raphel... Sais bien que nous devons mourir
ensemble... tu me l'as dit un jour... Serait trop
terrible de mourir éloignés l'un de l'autre... Qu'au
moins la Mort nous tisse le même linceul à tous les
deux et nous unisse en le même suaire, si encore
en pleine efflorescence de la vie, nous lui devons
déjà payer notre tribut... !

RAPHEL

Edmée... ! Edmée... !

EDMÉE

Hâte-toi, mon aimé, hâte-toi... ! M'agrippe désespérément à cette aspérité de roche... sens qu'elle va bientôt céder... Va m'engloutir, le flot, et vais choir en l'abîme, si tu ne viens pas vite me rejoindre et me porter secours, mon Raphel !... O mon époux, sois mon sauveur... ! Ah ! les forces m'abandonnent... me sens défaillir... m'agriffe et me cramponne en vain... sens que je vais bientôt lâcher prise.., ! A moi, mon Raphel... à moi... à moi... !

RAPHEL (on voit par instant sa tête émerger
au-dessus de la crête des vagues).

Suis à toi, mon amante, suis à toi, mon Edmée... je viens, je suis à toi...

EDMÈE (se ranimant à la voix de l'Aimé).

A moi... à moi Raphel... mon époux, mon maitre, à moi... à moi... ! Pitié, pitié, mon Dieu... Mourir sans mon Raphel. Oh ! non, non, de grâce... par pitié... Seigneur, je ne peux pas... je ne dois pas... ! L'attends, mon Raphel, l'attends

pour mourir... pitié, pitié... Seigneur ! L'aime
tant, mon Raphel... oh ! oui, je l'aime, mon Raphel,
je l'aime, je l'aime comme on ne peut pas dire...
Et je mourrai sans lui... mourrais sans mon
Raphel... mourrait sans son Edmée... mourrions
esseulés l'un de l'autre, comme si nous ne nous
étions jamais connus... O toi, dont la miséricorde
est infinie... pitié, pitié, Seigneur... Je t'implore,
ô mon Dieu, j'invoque ta clémence... pitié...
pitié !

RAPHEL

Edmée, je viens,... je suis à toi !...

EDMÉE

Mes forces déclinent, mon aimé... Ah ! viens,
viens vite... hâte-toi, mon Raphel... hâte-toi...
Oh ! je lutterai...!

RAPHEL

Edmée... Edmée...

EDMÉE

Ah ! viens, viens vite... Pitié... pitié, Seigneur !..
hâte-toi... hâte-toi, mon aimé... Sais bien que
nous devons mourir ensemble... t'attends, mon
Raphel, t'attends pour mourir... pitié, pitié, mon

Dieu… Ah ! viens, viens vite… hâte-toi mon aimé…
Raphel… Ra… !

> (Elle choit tout à coup en l'abîme et s'im-
> merge incontinent : mais Raphel, par une
> coupe vigoureuse parvenant jusqu'à elle,
> la saisit prestement par la ceinture, lui
> soulève la tête hors de l'eau et se hissant
> à un surplomb de roche, s'élève rapide-
> ment jusqu'au faîte du récif, où il y dé-
> pose, avec d'infinies précautions, son pré-
> cieux fardeau.)

EDMÉE (dans une étreinte de Raphel,
dessillant les paupières, le cœur ravivé d'espérance).

Ah ! mon Raphel !

RAPHEL (vibrant d'une ivresse indicible).

Edmée !

ELMÉE (suspendue aux lèvres de son amant ;
avec une joie débordante, lui nouant ses deux bras en collier
autour du cou, d'une voix délirante et passionnée).

Raphel… toi… toi… enfin, tu m'es rendu,.. Oh !
ce n'est pas un rêve, c'est bien toi, mon Raphel…
Dis… dis que c'est bien toi, mon aimé ?… O tes
lèvres, tes lèvres… donne tes lèvres, mon Raphel…

RAPHEL (renforçant son étreinte, ivre d'amour).

Ah ! cher ange, que je t'aime… (Triomphalement.)
Quand je disais que je parviendrais jusqu'à toi…

> (Les éléments s'apaisent, la mer s'ac-
> coise peu à peu.)

EDMÉE (s'éperdant d'amour).

Oh ! vivre, vivre pour t'aimer... et puis mourir !

RAPHEL

Aimons-nous, mon Edmée...

EDMÉE

Aimons-nous, mon Raphel

ENSEMBLE

Oui, aimons-nous...

EDMÉE

Tes lèvres, ô mon aimé !

RAPHEL

Tes lèvres, ô mon amante !...

EDMÉE

Tes lèvres...

RAPHEL

Tes lèvres...

EDMÉE

Donne tes lèvres, ô mon Raphel...

RAPHEL

Donne tes lèvres, ô mon Edmée...

EDMÉE

Donne, donne sans cesse…

RAPHEL

Donne, donne toujours…

EDMÉE

Raphel… !

RAPHEL

Edmée… !

EDMÉE

Ah ! que je t'aime… je ne sais pas comment je
t'aime… t'aime… t'aime… comme on ne peut pas
dire…

RAPHEL

T'aime… t'aime à en mourir, mon Edmée… !

EDMÉE

Mourons ensemble, mon Raphel… veux bien
que nous mourions ensemble… Mourons comme
nous nous sommes aimés…

RAPHEL

Oui, mourons comme nous nous sommes aimés…

EDMÉE

Dans les bras l'un de l'autre...

RAPHEL

Oui, dans les bras l'un de l'autre, et nos deux être rivés en une ardente et invincible étreinte...

EDMÉE

Mon Raphel...!

RAPHEL

Mon Edmée...!

EDMÉE

Tes lèvres, ô mon aimé... tes lèvres ...!

RAPHEL

Tes lèvres, ô mon amante, tes lèvres, donne tes lèvres...!

EDMÉE

Donne, donne sans cesse...

RAPHEL

Donne... donne toujours...!

EDMÉE

T'aime... t'aime... Oh ! que je t'aime, mon Raphel !

RAPHEL

Moi, je t'adore, mon Edmée…!

EDMÉE

Viens là mourir… tu cloras mes paupières…

RAPHEL

Non, c'est toi qui sillera les miennes…

EDMÉE

Veux-tu bien te taire… devons-nous pas mourir ensemble… !

RAPHEL

Vois… vois au ciel, mon aimée… consteller ces pudiques étoiles… elles sont tes sœurs, mon aimée…

EDMÉE

… Me montres le ciel… y atteindrai-je jamais…

RAPHEL

Tu te le demandes, sainte enfant… !

EDMÉE

Tu me guideras vers elles, toi, mon aimé… Mes

sœurs sont là, mes sœurs... c'est toi qui le dit...
tu t'abuses, mon Raphel... mes sœurs... !

RAPHEL

Non, je ne m'abuse pas... verras bien, mon
Edmée, quand tu parviendras jusqu'à elles... verras bien si elles ne te réclameront point pour leur
sœur !

EDMÉE

... Leur sœur... serai leur sœur... Oui, suis
leur sœur, leur sœur aimée, qui leur amène un
frère, et un frère digne de leur sœur...

RAPHEL

Cher ange... que je t'aime... Ah ! oui, je
t'aime... je t'aime... je t'aime... je t'adore...

EDMÉE

... Sont là, mes sœurs... semblent sourire aussi...
dirait pas, mon Raphel... ?

RAPHEL

C'est à toi qu'elles sourient !

EDMÉE

Non, c'est à tous les deux... Mets ta main dans
la mienne, mon aimé... et allons jusqu'à elles...

RAPHEL

Oui, mais comment?

EDMÉE

L'Amour nous prêtera ses ailes... Viens, viens vite, mon Raphel... Vois pas qu'elles nous font signe... plus tard, il ne serait peut-être plus temps...

RAPHEL

Elles resplendissent ce soir de leur plus vif éclat... elles fêtent notre hyménée... aussi ont-elles enchassé leurs plus riches parures... Vois commes elles scintillent... elles irradient le regard de leurs paillettes d'or...

EDMÉE

Viens vite, mon aimé...

RAPHEL

Vite un baiser et nous partons... Tes lèvres... donne tes lèvres, mon amante... Oh! ne me refuses pas!

EDMÉE

Raphel... vois, l'Amour éploie déjà ses ailes... Il va s'éloigner sans nous... Viens... viens vite, mon aimé...

RAPHEL

Oh ! ces lèvres, ces chères lèvres, ces lèvres bénies... Ah donne... donne encore... donne... donne... donne toujours...

EDMÉE (d'une voix subitement altérée).

Raphel !

RAPHEL (appréhensif).

Edmée !

EDMÉE (avec grand trouble et défaillant).

... Me sens mourir !

RAPHEL (avec une tension de tout son être pour paraître
calme aux yeux d'Edmée,
d'une voix contrainte et qu'il essaie en vain
de rendre persuasive).

Non, tu ne mourras point, mon Edmée... ou, si tu meurs, nous mourrons ensemble, comme nous nous le sommes promis... Mourrons comme nous nous sommes aimés. Mais quel tremblement t'agite, mon aimée... quel frisson te convulse... que veut dire...? (s'effarant) Edmée... tes lèvres s'apalissent... dirait que tu chancelles (l'étreignant éperdûment contre lui) Edmée... Edmée ..!

7.

EDMÉE (la voix mourante).

Oh laisse-moi tes lèvres... veux mourir sur
ta bouche...!

RAPHEL (sanglotant).

Edmée !

EDMÉE (dans un spasme d'agonie
et d'une voix qui va peu à peu en s'éteignant).

Tes lèvres, donne tes lèvres... que je m'anéan-
tisse en toi... Ah! que je t'aime... que je t'aime...
mon Raphel!... le sais bien que je t'aime... (en une
ultime étreinte) Ah! oui... je t'aime... je t'aime... je
t'aime... et je me meurs...

RAPHEL (avec hébétement).

Morte... est morte, mon Edmée...!

EDMÉE (s'essorant vers les cieux).

... Ah !... ouvrez-moi vos bras, mes sœurs...
Viens-tu, mon bien-aimé... ta main... donne ta
main...

RAPHEL (s'aberrant de douleur, échevelé,
livide, et d'une voix clamante).

Edmée... Edmée...!

EDMÉE

Vois, elles nous font signe... Accours... viens

vite, mon Raphel... Plus tard, il ne sera peut-être
plus temps... M'envole vers vous, mes sœurs... Raphel !

RAPHEL

Edmée...!

EDMÉE

Tu me laisses aller sans toi... ah viens, viens
vite, mon aimé...Tu sais bien, que toute seule, je
m'y égarerais... là haut...

RAPHEL (trôlant désespérément de côté et d'autre
de l'îlot).

Edmée... Edmée...!

EDMÉE (d'une voix de plus en plus incolore et ténue).

Tu me délaisses ainsi, mon aimé, au seuil même
de notre plénitude... Tu ne m'aimes donc plus...
Raphel ! (La Mort paraît dans le lointain.)

RAPHEL

O ciel, vous l'entendez et ne me donnez point
la mort... pitié... pitié... Seigneur !...

EDMÉE

Raphel... Raphel !

RAPHEL

Oh ! faites-moi mourir !

EDMÉE (près de disparaître dans l'empyrée).

Raphel ne n'aime plus !

RAPHEL

Pitié... pitié, mon Dieu... vous demande la mort !

EDMÉE

Parjure !

RAPHEL

Ho ! c'est un rêve affreux... Pitié, pitié... Seigneur... la mort ne veut donc plus de moi...?

L'ARCHANGE (surgissant, tout à coup, sur le récif; d'une voix mâle et brève).

Tu l'as dit... frère...!

(L'archange fait un signe impératif: la Mort s'efface et disparaît dans le lointain.)

SCÈNE II

RAPHEL. — GEORGES. — JÉROME
(toujours assoupis),
l'ombre de RAPHEL. — L'ARCHANGE

RAPHEL

Oh mais je l'obtiendrai quand même !

L'ARCHANGE

Frère, tu tentes là l'impossible... la loi du destin est inéluctable !

RAPHEL

Mais pourquoi la Mort ne veut-elle donc plus de moi ?

L'ARCHANGE

Parce qu'elle se fourvoyait tout à l'heure en te venant chercher... Ton heure n'est point encore venue à toi et Dieu le lui a rappelé !

RAPHEL

Alors, elle n'a plus voulu de moi... Il était donc écrit au ciel qu'elle nous enleverait un jour l'un à l'autre...?

L'ARCHANGE

Oui, il était écrit au ciel...!

RAPHEL

Pourquoi ne nous avoir pas laissé mourir ensemble comme nous nous l'étions promis... Il en coûtait si peu à la Providence !

L'ARCHANGE

Plus que tu ne penses peut-être...

RAPHEL

Plus que je ne penses, dis-tu ?

L'ARCHANGE

Frère, qui connaît les desseins de Dieu !

RAPHEL

Me jugeait-il donc encore par trop indigne du pieux amour de mon Edmée, ou avais-je donc déjà démérité de son affection ?

L'ARCHANGE

Tu n'en as point démérité, n'en ayant jamais été méritant...!

RAPHEL

Jamais, dis-tu... Ainsi, je n'avais pas le droit de l'aimer... j'ai spolié un être que Dieu ne me destinait point... je n'avais donc pas droit de lui consacrer une flamme qui ne brûlait uniquement que pour elle... je n'en étais pas digne, quoi !

L'ARCHANGE

Tu l'as dit, frère !

RAPHEL

Alors, pourquoi Dieu l'avait-il guidée sur ma route et m'avait-il fait aimer d'elle, s'il m'en savait indigne...?

L'ARCHANGE

Frère, les desseins de Dieu sont impénétrables !

RAPHEL

M'est-elle donc perdue à tout jamais et ne devons-nous plus jamais nous revoir ?...

L'ARCHANGE

Elle est à toi si tu le veux...!

RAPHEL

Si je le veux !

L'ARCHANGE

Et si tu sais te rendre digne d'elle...!

RAPHEL (avec accablement).

Le pourrai-je jamais !

L'ARCHANGE

Tu le peux, si tu le veux !

RAPHEL

O, qui que tu sois, ange ou démon venu pour me séduire... dis, que veux-tu de moi ?...

L'ARCHANGE (avec un sourire ineffable).

Non point pour te séduire, enfant... libre à toi d'agir comme tu l'entendras... Je ne relève point de Dieu pour contraindre les âmes !

RAPHEL

Qui es-tu donc, toi qui me parles ainsi !

L'ARCHANGE

Qui je suis, un être qui n'a point de nom !

RAPHEL

Un être qui n'a pas de nom !

L'ARCHANGE

Il n'en est pas besoin là d'où je viens... A quoi servirait de nous discerner les uns des autres... sommes-nous pas la même chair et la même pensée... Tous en chacun, chacun en tous...!

RAPHEL (fléchissant le genou).

Oh je décèle à présent qui tu es !

L'ARCHANGE (sévère).

Que fais-tu là, Raphel !

RAPHEL (avec humilité).

Vil mortel que je suis... penser que j'ai pu un seul instant te méconnaitre... Ho ! pardonne !

L'ARCHANGE

Relève-toi, Raphel... Un frère s'infléchit-il devant son frère ? Relève-toi, te dis-je...!

RAPHEL

Si tu me tends la main !

L'ARCHANGE

Prends-là avec mon cœur... Ton frère en Dieu t'absout de toute offense !

RAPHEL (se redressant, les yeux striés de larmes).

Merci, merci, mon frère !

L'ARCHANGE

M'écouteras-tu, maintenant ?

RAPHEL

Ah ! comment reconnaîtrais-je jamais !

L'ARCHANGE

Plus tôt que tu ne crois !

RAPHEL

Oh ! mon sang, ma vie !

L'ARCHANGE (lui posant un doigt sur les lèvres).

Ta vie... elle est à l'Eternel... n'en dispose donc
point !

RAPHEL (déconcerté).

Ma vie, elle est à l'Eternel !

L'ARCHANGE (paterne et bienveillant).

A qui veux-tu qu'elle revienne un jour, si ce
n'est à celui qui te l'a pu départir ici-bas... Es-tu
ton œuvre... ton être t'appartient-il? S'il t'appartient, pourquoi ne t'en rends-tu point maître ? (1)

(1) L'archange converse présentement avec l'ombre de

RAPHEL (se rebecquant à cette idée).

Quoi, je ne m'appartiens pas ?

L'ARCHANGE

Enfant, dis-moi de quel limon tu t'es conçu toi
même et je te proclamerai l'égal de mon Dieu!...

RAPHEL

Et tu me dis ton frère.... ne te fais-je point
honte... Ah ! m'élèverai-je jamais jusqu'à toi !

L'ARCHANGE

Jusqu'à moi il te serait trop aisé, mais jusqu'à
Dieu !

RAPHEL

Ho ! que dis-tu là... moi m'élever jusqu'à
Dieu !

L'ARCHANGE

Frère, tu le dois !

RAPHEL

Je le dois ! Ho !... n'est-ce pas un rêve !

Raphel. Nous rappelons ici ce qui a été dit précédemment:
l'Ombre mime la scène que le poète édicte.

L'ARCHANGE

Oui, tu le dois, car Dieu le veut ainsi !

RAPHEL

Ah ! si c'était un rêve... O Seigneur, si c'est un rêve, faites qu'il ne s'achève, avant que je sois allé vers vous !

L'ARCHANGE

Frère, il est écrit là haut, que seul d'entre les mortels, tu pénétreras au sein des demeures célestes et contempleras la face de l'Eternel !

RAPHEL

Frère, frère que dis-tu là... Oh... si c'est un rêve !

L'ARCHANGE

Non, ce n'est pas un rêve... Donne ta main ! (La lui étreignant dans les siennes.) Le croiras-tu encore que c'est un rêve ?...

RAPHEL

Quelle destinée est donc la mienne... Moi, moi un souffreteux, un pâtiras ridicule, un paria de la société, je pénétrerai au sein de ces demeures célestes et contemplerai la face de l'Eternel... Ne

te méprends-tu pas, mon frère... Qu'ai-je donc fait
de si méritoire jusqu'à ce jour...

L'ARCHANGE

Rien encore, mais tu feras !

RAPHEL

Je ferai...?

L'ARCHANGE

Oui, quand je t'aurai dit !

RAPHEL

Oh ! dis, dis vite...!

L'ARCHANGE

Frère, une œuvre sainte, mission divine est à
accomplir ici-bas...

RAPHEL (tressaillant).

Une œuvre sainte est à accomplir ici-bas, dis-tu?

L'ARCHANGE

Oui, et c'est à toi qu'en est déféré le pieux
accomplissement !

RAPHEL (incrédule).

A moi...?

L'ARGHANGE

A toi !

RAPHEL

Frère, il est mal à toi de te moquer de la sorte...
te rirais-tu de ma faiblesse ?...

L'ARCHANGE (avec une expression de tendre reproche).

Raphel.

RAPHEL (s'amendant aussitôt et d'une voix amère).

Ho ! pardon, pardon... Je connus si peu le bonheur jusqu'à ce jour... nous vécûmes si longtemps ignorés l'un de l'autre... qu'à l'heure qu'il
est, je crois qu'il me transporte et m'aberre
l'imagination... Pardon !

L'ARCHANGE

Relève-toi, Raphel, relève-toi bien vite... Te
souvient-il donc plus de ce que je te disais tout à
l'heure...!

RAPHEL

Si !

L'ARCHANGE

Eh bien, un frère ne s'infléchit point devant son
frère...!

RAPHEL

Oh ! tu vaux mieux que moi !

L'ARCHANGE

Enfant veux-tu bien te taire... Relève-toi, te dis-je... te relèveras-tu... (avec exhortation) Frère !

RAPHEL (se relevant et d'une voix émue).

Comme je t'aime !

L'ARCHANGE

Douteras-tu encore ?...

RAPHEL

Douterais-tu toi-même... Ne vois-tu pas mes larmes... Oh oui, j'ai foi en ta sincérité... Ainsi, cette œuvre sainte ?...

L'ARCHANGE

C'est toi qui la dois perpétrer !

RAPHEL

Et cette œuvre, quelle est-elle... oh ! dis vite !

L'ARCHANGE

Il n'appartient pas à moi de te divulguer la tâche qui t'incombe... Tu le sauras plus tard en d'autres lieux et d'une autre bouche que de la mienne.

RAPHEL

Qui aura donc à me l'apprendre ?...

L'ARCHANGE

Demande plutôt à ton cœur !

RAPHEL

Édmée ?...

L'ARCHANGE

Tu l'as dit, frère... Oui, Edmée...!

RAPHEL

Ho! n'est-ce pas un rêve..! Oh... si, c'est un rêve...

L'ARCHANGE

Te faut-il encore persuader ?...

RAPHEL

Non, je ne puis croire à tant de bonheur !

L'ARCHANGE

Il faut pourtant y croire, car c'est là une quiète expectative qui va bientôt se réaliser pour toi...!

RAPHEL

Edmée !

L'ARCHANGE

Oui, Edmée, qui te va inspirer l'œuvre que tu dois parfaire.

RAPHEL

Frère, que dis-tu là !

L'ARCHANGE

La volonté de Dieu !

RAPHEL (bégayant de stupeur).

La volonté de Dieu… Eh ! que m'ordonne-t-elle?

L'ARCHANGE

De me suivre en tout lieu et où que je te mène.

RAPHEL (calme et résolu).

Si Dieu l'ordonne ainsi, je suis prêt à te suivre !

L'ARCHANGE

Viens donc, l'heure est venue !

RAPHEL

L'heure est venue…?

L'ARCHANGE

D'élaborer ton œuvre.

RAPHEL

Dieu m'en donne la force et le courage !

> (Un éclair rutile à l'horizon ; l'archange
> le lui montre du doigt.)

RAPHEL

Qu'est ceci... Que me montrez-vous là, mon frère !

L'ARCHANGE

Le doigt de Dieu irradiant l'espace.

RAPHEL

Ho !... que veut dire ?...

L'ARCHANGE

Qu'on nous attend, mon frère

RAPHEL (à mi-voix et mystérieusemen)

C'est Dieu qui nous fait signe...?

L'ARCHANGE (lui tendant la ma   .

Dépêchons, il est tard !

RAPHEL

Je vous suis, ô mon frère !

L'ARCHANGE

Ta main… donne ta main…!

RAPHEL

Pourquoi ma main ?

L'ARCHANGE

Que je te garde des embûches dressées sur notre route.

RAPHEL (ingénûment).

Il est donc des méchants ?

(La main dans la main, tous les deux,
ils ambulent lentement vers la haute mer.)

QUATRIÈME TABLEAU

Le fond du théâtre se transmue instantanément et repré-
sente :

Un agrégat de roches, s'exhaussant en une plate-form
abrupte et surplombant un précipice ; à droite, se déli-
néant en terrains vagues et dévalant, sur son milieu, en
une pente douce, oblongue et sinueuse.

L'ombre de Raphel s'indécise sur l'avant du promontoire,
absorbée en une méditation profonde et confrontant l'a-
bîme ; puis, s'estompe et se détache peu à peu de la dif-
fuse obscurité des choses environnantes.

Nuit noire et sans étoiles. Au loin, la mer étale.

SCENE I

RAPHEL. — GEORGES. — JÉROME (toujours
torpéfiés). — L'ombre de RAPHEL.

RAPHEL (croyant toujours l'archange auprès de lui).

A quelle hauteur vertigineuse avons-nous
accédé, que le bourdonnement de la nature et
les bruits évagués de la terre, ne me parviennent
plus que comme un bruissement confus, comme
un vague susurrement de choses langoureuses,
s'épandant en l'espace, et qu'arpégerait jusqu'à
nous, en l'ambiance des choses, la tiède brise d'a-
lentour... Frère, je n'entends plus le son de votre
voix... Sont-ce là, les mondes sublunaires, que je
vois tourbillonner éperdùment, au sein de l'immensité des ondes... Sommes-nous donc près de
Dieu... Peut-être l'ignores-tu toi-même... O mon
frère, je ne discerne déjà plus les traits de votre
visage, à travers l'intense obscurité qui m'envi-
ronne... Ne m'as-tu point abandonné? Es-tu bien
toujours près de moi?... Ta main, donne ta

main... (vaguant de côté et d'autre du promontoire).
Mon frère, où êtes-vous.., O réponds-moi... mes
mains te cherchent vainement au travers des ténèbres. Tu ne me réponds pas... Frère, c'est mal
à toi...

> (L'ombre s'efface et disparaît derrière
> une déclivité de roche. Le ciel s'en-
> trouvre et s'irradie... Un ange s'évague
> de l'empyrée et s'essore un moment
> au-dessus de l'immensité des choses.)

SCÈNE II

RAPHEL. — GEORGES. — JÉROME

RAPHEL (1)

Ho ! qu'est ceci encore, fulgurant les ténèbres...
ces clartés sidérales incendiant l'espace, illumi-
nant les cieux... Des effluves d'encens... relents de
fleurs stellaires, s'épandent jusqu'à moi... m'aveu-
lissent les sens... s'infusent en tout mon être...
Mon frère, me direz-vous pourquoi ?... (l'ange atter

---

(1) Raphel prend ici corps avec l'action et participe par
ainsi au développement de la protase.

rit sur le promontoire et se piète devant lui sans mot dire
et sans un mouvement. O ciel... là... devant moi...
je ne me trompe pas... Edmée... c'est mon Edmée... !

> (Raphel, ânonnant toujours comme
> en un rêve, se dresse sur son séant,
> ému et palpitant d'angoisse, et en un
> ravissement extrême tend les bras vers
> la vision céleste.)

Toi,... vous... toi, mon amante... toi, mon Edmée... toi... Oh ! dis que c'est bien toi... que ce
n'est pas un leurre, une vaine illusion... Oh ! dis,
dis vite, mon Edmée... Oh ! si c'était un rêve...
ah ! je me meurs d'angoisse... Oh ! dis, dis vite
que c'est bien toi, mon Edmée... (Il se lève et
marche péniblement vers elle, les bras toujours arqués
vers la vision.) Que si, c'est mon amante... Oh !
oui, c'est elle... Edmée... Edmée... pourquoi
ne me réponds-tu pas... dis... dis... pourquoi tu te
refuses de me parler... ? (Avec un emportement fa-
rouche et d'une voix altérée.) Dis, dis que tu ne
veux pas... que tu ne veux plus de moi... et je
m'en irai loin, bien loin, sous d'autres cieux...
dévorer en silence ma honte et ma douleur...!
(rampant sur ses genoux.) Edmée... Edmée... je t'en
supplie, je t'en conjure à deux genoux... Quel ma-
lin plaisir prends-tu donc à me martyriser, à me tor-

turer l'être de la sorte... Moi qui t'aime tant et tant...
qui t'aime plus que la vie, à l'égal même de mon
Dieu... Edmée... Edmée... (il se traîne sur les
genoux) Ho! tu ne m'aimes plus... Edmée... Edmée... non, tu ne m'aimes plus. (Il balbe) Avoue-le
donc que tu ne m'aimes plus...! (haletant et d'une
voix sourde) Ah! que je souffre... que je souffre...
C'est horrible ce que je souffre... Ho!... oui... je
souffre... je souffre... je souffre comme on ne
peut pas dire... et pourtant je ne désespère pas
encore... Je n'incrimine point la Providence,
seule instigatrice de tous mes maux... je garde
ma foi en l'Eternel, dont la face, pourtant, s'est
toujours détournée de moi, à mes jours de détresse et d'appels éperdus ; alors, que, pantelant,
anéanti sous l'étau de la souffrance indicible, qui
me poignait et me torturait l'être, je l'invoquai le
plus fervemment, l'exhortant à grands cris, les
yeux emplis de larmes, de me retirer instamment
du gouffre infect, du bas-fonds délétère, où s'en-
lisait ignominieusement ma vie ; du cloaque immonde, abject de misère, où se galvaudaient mi-
sérablement les héraldiques et précieuses facultés
que je savais tenir de lui, et qui m'ennoblissaient
l'âme et m'induisaient à la persévérance, à mes
heures de lutte et de désespérance...! (d'une voix

mâle et généreuse.) Non, je ne m'avoue pas encore vaincu par l'adversité... j'ai l'espoir de la vaincre tant que je suis avec mon Père... En vain, elle me terrasse, je me redresse toujours plus triomphant... Viendra bien le moment où je me revancherai d'elle... Non, je ne désespère pas de la vaincre, tant qu'une goutte de sang insufflera mon être et me laissera debout glorifier le saint nom de Dieu. (Se dressant à demi.) A l'approche des premières atteintes de la mort, je relève virile-ment et orgueilleusement la tête ; et, rassemblant mes forces éparses, atrophiées, en une contention suprême, ultime de tout mon être, je dis bien haut et en toute sincérité... « O vous qui me tor-turez l'âme et m'ulcérez le cœur... Seigneur, qui m'avez fait ce que je suis... et ce que je ne cesse-rai d'être, jusqu'à l'extinction de ma misérable vie... un pauvre hère trop épris d'idéal... martyr hilare et ridicule, venu trop jeune en un monde trop vieux, dénué de tout bien et de toute affection, en butte aux prises incessantes des affres prégnantes de la mort... Seigneur, je sens que je vous aime encore... comme à mes premiers jours d'adoles-cence... où l'horizon des rêves s'estompait à mes yeux sous de si quiets et si riants mirages... où mon cœur et ma bouche s'exubéraient en vous.

(Le visage moiré de larmes). Oh ! oui, je vous aime…
comme on ne vous aima jamais… comme moi-
même jusqu'à ce jour, je ne vous avais jamais
peut-êtré aimé… Oui, je vous aime… et je vous
bénis de mes deux pauvres mains tremblantes,
brisées par la douleur, pour les térébrantes tortures
et toute l'indicible souffrance que vous me faites
éprouver là… Oui, je vous aime et vous vénère !…

(Une irradiation stellaire s'insuffle jusqu'à lui, lui diapre le visage, transfigure
son être. Le fond du théâtre s'ouvre
complètement, laissant apercevoir à gauche, encore emmantelé des ombres opa-
ques de la nuit, un effet de décoration
agreste, à peu près similaire à celui ex-
primé sur le côté adverse de l'abîme ;
un entablement de roches peut-être
moins surélevé qu'à l'opposite, avec pour
détails topiques, quelques arbustes ra-
bougris, disséminés de part et d'autre de
l'escarpement.)

SCÈNE III

GEORGES. — JÉROME (toujours torpéfiés). — RAPHEL. — L'ANGE

L'ANGE (s'animant tout à coup, candide et diaphane et
comme vivifié d'un effluve céleste ;
ses lèvres susurrant d'une voix ineffable).

Raphel !

RAPHEL (le regard éperdu d'amour).

Oui, j'ai foi et j'espère !

L'ANGE (amblant vers lui).

Raphel !

RAPHEL (comme s'hallucinant).

O, qui vient là vers moi... En croirai-je mes yeux... m'abuserais-je point... !

L'ANGE (avec un religieux transport,
trôlant toujours vers lui).

Raphel !

RAPHEL (clorant les yeux).

Oh ! c'est un rêve, oui, c'est un rêve...!

L'ANGE (d'une voix de plus en plus captivante).

Raphel!

RAPHEL (sillant toujours les paupières
de crainte de voir s'annihiler la vision).

Oh ! un beau rêve !

L'ANGE (le contemple un moment en silence,
puis se penche languissamment vers lui; avec un
radieux sourire et lui effleurant les lèvres de son haleine.)

Je t'aime !

RAPHEL (sa pensée s'essorant vers Dieu,
les yeux toujours mi-clos).

Un bien beau rêve...!

L'ANGE (avec un saint transport
et l'étreignant contre son sein, d'une voix chaude e
prometteuse; fluant des lèvres, en un mielleux baiser).

Je t'adore...!

RAPHEL (s'extasiant d'amour).

O vous, mon ange !

CHŒUR DES ANGES (dans l'empyrée).

O souffreteux sublime
Qui sut garder ta foi,
Pâtiras magnanime,
Salut, honneur à toi !

RAPHEL

Enfin ! tu m'es donc rendue ! Ho !... n'est-ce pas
un rêve... Ah ! si c'était un rêve !... Ho ! dis bien
vite que ce n'est pas un rêve... Dis vite, ô mon
aimée !...

L'ANGE (lui tendant ses lèvres).

Tes lèvres, ô mon Raphel, tes lèvres, ô mon
aimé ! tes lèvres, donne tes lèvres... encore...
toujours...

RAPHEL

Oh ! dis que ce n'est pas un rêve !

L'ANGE

Je t'aime... je t'aime... le crois-tu que je t'aime !

RAPHEL

Oh ! oui, tu m'aimes, je le sens que tu m'aimes...
et moi aussi, je t'aime... oh ! oui, je t'aime, je
t'aime... le sens-tu que je t'aime...!

L'ANGE

Oh ! oui, tu m'aimes... ah ! mon Raphel !

RAPHEL

Edmée... Oh ! dis... dis... dis que ce n'est pas un rêve...

L'ANGE

Non, ce n'est pas un rêve... (l'étreignant plus étroitement) Le crois-tu maintenant que ce n'est pas un rêve...?

RAPHEL

Oh ! oui... Oh ! laisse-moi tes lèvres... Edmée !

L'ANGE

Mon Raphel !

RAPHEL

Oh ! c'est vivre là trop de bonheur !
(Mais un branle de cloche, inopiné, a
soudain retenti.)

L'ANGE (se redressant).

L'heure a sonné entends... Dieu nous appelle... Allons à lui... Viens mon Raphel !... (Ils cheminent tous les deux lentement vers le haut du promontoire, la main dans la main l'un de l'autre, sa nuque à elle, mollement infléchie vers le poëte, et lui caressant innocemment l'épaule, des boucles blondes et soyeuses, de sa luxuriante chevelure).

CHOEUR DES ANGES

Aux humbles de la terre
Apôtre de la foi
Du Dieu que je vénère
Va édicter la loi !

RAPHEL (étayant un genou en terre
et avec un frisson d'angoisse lui flagellant tout l'être).

Cette œuvre... quelle est-elle... oh ! dis bien vite ?

L'ANGE

L'apologie de l'ère novatrice, la palingénésie nouvelle si impatiemment attendue et si ardemment préconisée par tes frères, la rédemption du paupérisme, la renaissance, la régénération de l'humanité souffrante et dissolue !

RAPHEL (d'une voix étoffée, grandiloquente).

Chimère, ânonnaient les uns... utopie, marmonnaient les autres ; et tous, s'épouffant de rire, découvrant leurs faces livides, rendues hideuses par leur décrépitude, abjectes par la salacité qui les abreuve « Que t'importe à toi, du cloaque infect où s'enlisent et stagnent nos êtres... tout est bien qui existe... laisse-nous donc à notre déchéance, à la fange où nous croupissons... » et poursuivant avec un malévole et décevant sourire :

« Prosélyte éhonté qui te crois inspiré de Dieu...
va-t-en colporter ailleurs tes insidieux mensonges... Où se ventrouille le pourceau ne daigne
point voleter l'ange » — « Vision, vision divine
des âges à venir, s'avouaient d'aucuns, à voix basse,
l'âme immaculée et plus crédule ; et, rapprochés les
uns des autres, confidentiellement, les bras en
écharpe, leur enserrant la taille, les yeux comme
irradiés d'une joie céleste, leurs âmes, s'exultant
en une ineffable et commune tendresse... « Les
temps sont proches où la cité du Mal sera détruite
et le royaume du Bien restauré sur ses décom-
bres... »

L'ANGE

Que veut dire ceci, Raphel ?

RAPHEL

Ceci veut dire... qu'avant que l'immunité du ciel
ne m'eût départi la promulgation de l'œuvre sainte
que tu viens de m'édicter là, j'en avais, tout jeune
encore... moi et quelques autres, comme l'intui-
tion... je dirai mieux, comme l'obsession... comme
la hantise de son accomplissement futur.

L'ANGE

Il est des êtres prédestinés qui naissent ainsi

avec la prescience de la mission divine qu'ils ont
à accomplir un jour ici-bas...

RAPHEL

Dis-tu cela pour moi ?...

L'ANGE

Pour qui veux-tu que je dise ? Ceux-là sont les
forts, qui comme toi, s'immolant pour leurs frères,
sont les apôtres de la foi nouvelle...

RAPHEL

J'ai donc bien mérité de Dieu !

L'ANGE

Il faut le croire, puisqu'il l'avère ainsi !

RAPHEL (avec un doute).

Peut-être, il faut le croire...!

L'ANGE

Pourquoi dis-tu peut-être ?

RAPHEL

Est-ce qu'on sait jamais....

L'ANGE

Raphel, mets-tu en doute...?

RAPHEL

Qui sait !

L'ANGE

C'est là lui faire injure !

RAPHEL

Oui, qui sait, qui me dira...

L'ANGE (impérieux).

Raphel !

RAPHEL

Si tout cela n'est pas un rêve !

L'ANGE (s'attendrissant).

Encore...!

RAPHEL

Toujours...! Etais-je donc prédestiné avant de naître au pieux accomplissement de cette œuvre sainte... et pourquoi moi, plutôt qu'un autre...?

L'ANGE

Pourquoi Dieu a opté pour toi plutôt que pour un autre, demandes-tu ?

RAPHEL

Oui !

L'ANGE

Parce que, seul d'entre les mortels, tu as su

garder ta foi en l'Eternel, et ne t'es point détourné de lui; alors que lui, conscient de ta détresse, se détournait apparemment de toi.

RAPHEL

Etait-ce là pour m'éprouver ?...

L'ANGE

Tu l'as dit, mon Raphel... Rien ne te le faisait donc pressentir...!

RAPHEL

J'avoue, que j'étais alors tellement absorbé par la douleur qui me torturait l'être, que la pensée ne me venait même pas à l'esprit, de déceler la cause qui l'avait incorporée à moi...!

L'ANGE

Tu as donc bien souffert mon aimé ?

RAPHEL

Moins que je n'aurais dû peut-être...

L'ANGE

Que veux-tu dire...?

RAPHEL

Qu'il en est d'autres qui ont encore plus souffert que moi...!

L'ANGE

Tu pleures, mon Raphel !

RAPHEL

Oui, pour ceux qui souffrent et qui ne le montrent pas... Ceux-là sont quelquefois les plus malheureux, qui conservent toujours un visage souriant, et paraissent les plus prospères et les plus divertis...

L'ANGE

Ah ! pourquoi faut-il que le mal existe !... (Mouvement de Raphel) Point le mal qui nous vient de nos vices... mais bien le mal qui nous vient de Dieu même... Oui, pourquoi faut-il que le mal existe !

RAPHEL

Qu'entends-je là, Edmée... Faut-il donc que le mal existe ?...

L'ANGE

Où serait donc le mérite de l'homme s'il n'avait qu'à se laisser vivre...!

RAPHEL

Edmée !

L'ANGE

Il gagne bien tous les jours l'aliment de son

corps... Ne peut-il gagner aussi l'aliment de son âme...?

RAPHEL

Que dis-tu là ?

L'ANGE

Si le bonheur existait ici-bas, tous les biens promis dans l'au-delà, aux élus de ce monde, n'auraient plus aucune raison d'être ; et par cela même, les humains, satisfaits de leur condition de vivre, n'appéteraient plus aussi instamment, cette douce plénitude céleste, qui leur est promise au déclin des âges, et vers laquelle, sous l'oppression du mal qui les opprime, s'évaguent incessamment tous leurs pensers, puisqu'ils la trouveraient parfaite et réalisée sur cette terre, et toute à la portée de leurs désirs...

RAPHEL

Oh ! c'est la voix de Dieu qui parle par ta bouche !

L'ANGE

La foi n'est pas déjà si fort enracinée au profond des âmes, pour qu'une effluence maligne et lancinante, ne vienne point la raviver et l'essorer de

temps à autre, au sein des êtres les moins cré-
dules et les plus aveulis...

RAPHEL

Il est donc si peu de croyants que ça sur cette
terre...?

L'ANGE

Ferais-tu tes semblables meilleurs qu'ils ne
sont... Des papelards... des chattemites... des bam-
bocheurs... êtres insidieux et malévoles, qui pal-
lient leur concupiscence et leur idiotie, sous le
manteau vénéré de la religion, qui cèlent à la
faveur de ses divins mystères, toute l'hypocrisie et
la cupidité qui les abreuve, toute la turpitude et la
vileté dont leur âme surabonde... oui, il en est de
ceux-là, il en est même beaucoup, il en est même
que trop ; mais, de croyants sincères, fervents
obscurs et réfléchis, d'un culte austère et magnanime... de ceux-là, que n'affriole point, un espoir
de luxe ou de confort, que n'affriande point un
prurit d'assouvissance ou d'insatiable désir... de
ceux-là, il n'en est malheureusement plus aujour-
d'hui... La lie immonde qu'a procréée le siècle
et en laquelle se débat et s'enlise incurablement
une société caduque et corrompue ne convenait

point à l'essence de leur âme immaculée et bien pensante... !

RAPHEL

Que veut dire ceci, Edmée !

L'ANGE

Ceci veut dire, que le dogme a tué le culte, l'athéisme, la société, et qu'avant qu'il soit peu, la vieille Europe aura vécu !

RAPHEL

Que dis-tu là, Edmée... ?

L'ANGE

La volonté de Dieu !

RAPHEL

Encore, toujours !... Le glas des morts a donc aussi sonné pour elle, que tu dis qu'elle va bientôt mourir !

L'ANGE

L'entends-tu pas sourdre à travers l'espace ?

RAPHEL

Oh ! si... mais eux, l'entendent-ils... ?

L'ANGE

Qui, eux ?...

RAPHEL

Mes frères !...

L'ANGE

Tes frères, ils sont bien trop absorbés par les bruits qu'ils font eux-mêmes, pour s'emplir encore la tête de ceux qui leur viennent du dehors !

RAPHEL

Dieu laissera-t-il donc se consommer cette horrible conflagration universelle que tu dis menacer incessamment la vieille Europe... ? Edmée... tu ne me réponds pas... Ne peut-il donc remédier à ce cruel état de choses ?...

L'ANGE

Il le voudrait, qu'il ne le pourrait plus... les décrets de Dieu sont irrévocables... !

RAPHEL

Il est donc écrit au ciel ?...

L'ANGE

Que la fin du siècle achèvera sa ruine !...

RAPHEL

Edmée !

L'ANGE (avec un geste maléfique).

Ce qui doit être sera, parce que cela se doit... ce qui se doit sera, parce que cela doit être !

RAPHEL

Edmée... Edmée... que dis-tu là ?...

L'ANGE

Ce que je dis là ?... Que la loi du destin est inéluctable, l'ère d'une révolution prochaine, et qu'avant qu'il soit longtemps, l'homme sera retourné à la bête sauvage... Ainsi cela doit être... !

RAPHEL

Edmée... Edmée... penses-tu ce que tu dis là ?...

L'ANGE

Verra bien qui vivra...

RAPHEL

Edmée... dis, mon Edmée... !

L'ANGE

Verra d'étranges choses...

RAPHEL

Dis, mon ange... ?

L'ANGE

Mais rira pas, qui verra !...

RAPHEL

Faut-il donc que l'humanité périsse, pour qu'elle
renaisse et se ranime ensuite à la voix de Dieu ?

L'ANGE

Il faut que justice se fasse...

RAPHEL

La société est-elle donc tellement dissolue, qu'il
lui faille retomber encore à l'anarchie... son fer-
ment de déprédation... ?

L'ANGE

Croirais-tu l'homme plus épris d'idéal qu'il ne
l'est en réalité... si telle est ta pensée, détrompe-
toi bien vite... Jamais son âme, si âme il a encore,
n'avait condescendu si bas... Prête plutôt l'oreille
un moment, à tous ces bruits et clameurs, évagués
sourdement de la terre et, qu'essore vaguement
jusqu'à nous, la quiète brise d'alentour... ces
chants t'édifieront bien mieux qu'aucune de mes
paroles... La vie d'un peuple est toute dans ses
chansons...

HOURVARI de VOIX HUMAINES (sur le globe terraqué).

A la place Maub', l'avez-vous vue
Ou bien dans la cour du Dépôt
C'était la plus chouette du troupeau,

. . . .

Regardez-la passer, la gentille cocotte
Son jupon retroussé, r'gardez comme elle trotte.

. . . .

C'est des maladies qu'ça s' déclare
A Saint-Lazare, etc...

. . . .

C'est moi qui suis le souteneur
A ma petite sœur, etc...

...Chahut... chahut... chahut... bravo... bravo...
hip... hipp... hourra...

Ah ! la pau... la pau... la pauvr' fille..., etc... etc...

L'ANGE

La voilà, la Société ! La crois-tu maintenant
trop imbue d'idéal... ?

RAPHEL (éperdu de honte et se voilant la face).

Pitié... pitié... Seigneur !...

L'ANGE

Et ceux-là se disent encore les éducateurs de

leur siècle, qui ne respectent seulement pas leurs
mères et leurs épouses... !

RAPHEL

Dieu a-t-il donc abandonné son peuple ...?...

L'ANGE

Il le lui a bien fallu, puisque vous l'en avez
banni de vos cœurs !

RAPHEL

Nous l'en avons banni ?...

L'ANGE

Oui, de tes frères à toi... de ceux-là, qui l'ont
vainement cherché pendant des siècles, et qui,
déçus de leurs espoirs, répudiant leur foi... le
méconnaissent et le galvaudent outrageusement
aujourd'hui...

RAPHEL

Dieu n'aime donc plus son peuple, qu'il le laisse
ainsi courir à sa perte et à sa déchéance ?...

L'ANGE

Si, il l'aime toujours, mais il ne peut plus rien
pour lui !

RAPHEL

Eh! pourquoi ne peut-il plus rien pour lui? Sa toute-omnipotence ne s'étend donc plus jusqu'à nous comme autrefois?...

L'ANGE

Non, sa toute-puissance ne s'irradie plus jusqu'à vous... Une puissance occulte la lui a subrepticement ravie...

RAPHEL

Une puissance occulte la lui a subrepticement ravie, dis-tu?... Dieu n'est-il donc plus l'être invincible, contre lequel nul ne saurait prévaloir ni résister?

L'ANGE

Dieu est l'être invincible, quand il a pour lui l'amour de son peuple... C'est son amour qui fait sa force... Dieu a besoin de se vivifier dans l'amour de son peuple, comme son peuple a besoin de se vivifier dans l'amour de son Dieu...!

RAPHEL

Et comment cette puissance occulte lui a-t-elle suborné l'amour de son peuple?...

L'ANGE

En sollicitant la faveur des êtres dont elle encensait le plus l'amour-propre...

RAPHEL

Et l'humanité s'est donnée à elle...?

L'ANGE

Comme elle ne s'était jamais donnée à Dieu !

RAPHEL

Il en faut donc déterger le mal pour qu'elle renaisse et se ranime ensuite en l'amour de Dieu?...

L'ANGE

Il faut que justice se fasse...!

RAPHEL

Et pour que justice se fasse...?

L'ANGE

La mort !

RAPHEL

La mort... La mort de quoi...?

L'ANGE

Des suppôts de Satan, des félons et méchants !

RAPHEL

La mort, toujours la mort... !

L'ANGE

La mort est le détergent de l'humanité !

RAPHEL

La mort concourt donc à la vie, qu'elle lui prête à tout instant son ministère... ?

L'ANGE

La mort est chose inhérente à l'humanité... c'est elle qui l'a procréée, c'est elle qui la résorbera...

(Clameurs de détresse et objurgations bombant de l'abîme).

RAPHEL (se rapprochant de l'ange et le couvrant de son corps).

Oh ! qu'est cela... qu'est cela, mon Edmée... ?

(Sourdes détonations dans le lointain... Des scories phosphoriques fusant hors de l'abîme, empourprent la ravine, rutilent en l'espace, s'ennuagent au zénith.)

L'ANGE

Approche et tu verras...

RAPHEL (livide et bégayant).

Je verrai quoi...

L'ANGE

Pourquoi veux-tu que je te dise...?

RAPHEL (crissant d'une voix sourde).

Je veux savoir... avant de voir... Dis... quoi je verrai, dis ?...

L'ANGE (d'une voix amère).

L'anarchie déprédant la vieille Europe...

RAPHEL

Edmée !...

L'ANGE (poursuivant, implacable).

Et l'immergeant des sources de sa corruption...

RAPHEL (balbutiant).

Que dis-tu là...?

L'ANGE (le poussant vers l'abîme).

Approche et tu verras...

> (Le poète obtempère à l'injonction de l'ange et monte en chancelant sur le bord extrême du promontoire... Se piétant là, son regard éperdu s'adire anxieusement vers les mondes sublunaires. — Avec un tressaut de terreur et un cri inarticulé à la vue de l'horrible avatar qui se perpètre ouvertement au-dessous de lui.)

RAPHEL

Horreur !...

L'ANGE

Reconnais-tu là tes frères... tes frères en Jésus-Christ, comme ils se targuent encore de l'être...!

RAPHEL (affalé sur les genoux, joignant les mains,
avec componction et d'une voix dolente).

Pitié... pitié... mon Dieu... oh ! faites-leur grâce car ils ne savent ce qu'ils font...!

L'ANGE

Pour que Dieu la leur accorde... cette grâce... encore faut-il que tes frères la lui demandent...!

RAPHEL (se détournant).

Oh ! je ne veux plus voir, je ne veux plus entendre ! (il va pour se lever.)

L'ANGE (lui prenant la main
et le contraignant de regarder encore ; la lèvre dédaigneuse
et avec un souverain mépris).

Dis-moi si ce sont bien là les enfants de Dieu !

RAPHEL (la conjurant de s'éloigner de là).

Ah ! viens... fuyons ces lieux maudits... viens vite, mon aimée...!

L'ANGE (le rivant au sol du regard).

Avoue qu'ils ont tellement conscience de leur
abjection, qu'ils n'osent seulement plus se l'avouer
entr'eux... à voix basse...

RAPHEL (se redressant, exacerbé).

Ah ! ma raison s'égare, des lueurs rouges ensan-
glantent mes yeux... à mes oreilles tintinnabule
comme un glas funèbre... je ne vis plus ici...
(cherchant à l'entraîner) Ah ! viens... viens vite, mon
aimée...!

L'ANGE (l'agrippant par un bras,
d'une voix nette et résolue).

Non... reste... il le faut, tu le dois... Raphel !

RAPHEL (affolé d'angoisse et de terreur,
dévale précipitamment vers l'avant-scène de gauche,
où il trébuche et s'affale pesamment, la tête entre ses genoux ;
ahânnant par saccades, d'une voix creuse et martelée).

Du sang... du sang... du sang... c'est du sang
qu'ils demandent, c'est du sang qu'ils s'abreu-
vent... du sang... du sang... c'est du sang qu'il
leur faut...! (les mains jointes, en une attrition profonde)
Pitié... pitié... mon Dieu... car ils ne savent ce
qu'ils font... (ses mains posées à plat, célant ses yeux et
ses oreilles) Oh ! plus voir... plus entendre...!

VOIX DES MORTELS

« Pitié... pitié... pour nos infirmes... Pitié... pitié... pour nos enfants... pitié... pitié pour nos épouses » — « A mort... à mort... à mort... les riches !... A mort... à mort... les femmes...! A mort, à mort les gosses. Mort ! mort à tous... ! » (Clameurs et vociférations de plus en plus croissantes et continues) « Pitié... pitié... miséricorde...! » — « Pas de quartier, pas de merci...! Moins nous serons mieux nous vivrons...! Chacun est son maître ici-bas...! Vivra le mieux qui vivra le dernier...! Chacun pour soi, l'enfer pour tous... Chantons, buvons et ripaillons...! A nous richesses et bon vin... Soiffons, mangeons et godaillons. Pas de quartier, pas de merci... Plus de suppôts, plus de prisons... Hardi, les fieux ! hardi... hardi...! A la curée... à la curée...! Chantons... buvons et godaillons... A nous l'argent... à nous les belles... à nous richesses et festins...! à la curée... à la curée...!!! » — « Pitié... pitié, mon Dieu... pitié, pitié... Seigneur !... pitié... miséricorde ! » — « A mort... à mort... à mort les riches...! » — « Pitié, pitié... Seigneur !... »

L'ANGE (sidéral).

O mon Père ! vous l'entendez... l'humanité

souffrante implore fervemment votre miséricorde...
les peuples à vous se donnent et réclament à
grands cris la palingénésie nouvelle si impatiemment désirée par tous...! Grâce... grâce... ô mon
père, faites-leur grâce...! Répudierez-vous encore
ces pauvres êtres, qui, touchés de leur disgrâce,
et pleins d'un pieux repentir, invoquent ardemment votre mansuétude et tendent désespérément
les bras vers vous...! Grâce... grâce, ô mon père...
Oh ! la foi ne s'est point toute éteinte au tréfond
des cœurs... Tout être, qui se recueille un instant,
la sent vaguement tressaillir aux plus intimes replis de son âme...! Grâce, grâce... ô mon Père...
(le poëte, décelant son visage, écoute religieusement la litanie de l'ange, la tête toujours gauchie entre ses genoux) O
mon sang... ma vie... ma vie en holocauste... oui,
ma vie pour la leur, ma vie en expiation de leurs
fautes... Oui, prenez ma vie... ô mon Père... et
donnez-leur la rédemption promise et si impatiemment attendue d'eux tous !... Oui, prenez ma vie,
ô mon Père prenez ma vie, ma vie et mon
amour... O dites, dites que vous pardonnez, Seigneur, et la sainte que vous avez élue au sein de
vos demeures célestes, sera l'holocauste bénin, qui
exorcisera la société pantelante, des horreurs de
sa servitude et de sa damnation ! (ployant les genoux

avec ferveur et d'une voix palpitante) Dieu bon... Dieu juste... je vous révère et vous bénis !

(L'archange, paraît par derrière Raphel,
et lui glissant dans la main, ostensible-
ment, un poignard à lame rutilante, un
doigt tendu impérativement vers l'ange
il lui marmonne, à demi-voix, quelques
paroles, que lui seul est censé entendre,
et qui le font douloureusement frémir de
stupeur et d'épouvante).

SCÈNE IV

GEORGES. — JÉROME. — RAPHEL. L'ANGE. — L'ARCHANGE

L'ARCHANGE (sur un ton péremptoire).

Il le faut... tu le dois... le sang de l'amante immaculée, peut seul déterger l'humanité souf-frante, des sources de sa déchéance et de sa corruption !

RAPHEL (avec une résignation amère).

Frère... je ferai ainsi que vous me l'ordonnez...!

L'ARCHANGE (sacerdotal).

Ainsi que Dieu l'ordonne !

RAPHEL (avec une émotion grandissante,
les yeux lenticulés de larmes).

Où je voulais la vie, je porterai la mort...!

L'ARCHANGE

Où tu croiras la mort, t'apparaîtra la vie... Va,
mon frère, va perpétrer ton œuvre...!

RAPHEL (avec un sanglot dans la voix).

Mon œuvre !...

L'ARCHANGE (il met un doigt sur sa bouche,
lui enjoignant ainsi le silence).

Dieu t'en donne la force et le courage !

RAPHEL (bambonnant, d'une voix lamentable).

Oh ! oui... Dieu veuille m'en donner la force et
le courage...!

(Devant l'injonction péremptoire de l'ar
change, il gravit en chancelant les degrés
du promontoire, hirsute, la face émaciée,
le torse déjeté, les mains crispées, lui
fouaillant la poitrine. Proche d'Edmée, il
alentit sensiblement sa marche, et halte
brusquement à quelques toises d'elle).

RAPHEL (le regard trouble et la voix haletante).

Edmée, Edmée... sais-tu pourquoi je viens vers toi... ? Edmée... Edmée... elle ne m'entend pas...!

L'ANGE (debout, le voile rejeté, les cheveux éboulés,
lui limbant le visage, mordorant ses épaules;
les yeux noyés d'un effluve divin).

Dieu bon... Dieu juste... prenez mon corps... prenez mon âme... prenez-moi toute...!

RAPHEL

Edmée... Edmée... je viens pour te tuer !

L'ANGE

Ho ! qui viens là vers moi... Est-ce toi, mon Raphel ?...

RAPHEL

Oui, c'est moi, mon Edmée...

L'ANGE

Oh ! comme tu t'es fait attendre... Raphel... Raphel... pourquoi t'éloignes-tu à mon approche...?

RAPHEL (les bras le long du corps,
sans force et sans courage).

Ho, je le voudrais que je ne le pourrais pas !...

10.

L'ANGE

Viens donc là près de moi... Ah ! pourquoi as-
tu tardé si longtemps à me venir rejoindre ?...

RAPHEL

Edmée... Edmée.. sais-tu pourquoi je viens vers
toi...?

L'ANGE

Viens, viens vite, mon aimé...!

RAPHEL (par saccades et martelant ses mots).

Je viens pour te tuer !

L'ANGE

Entends tes frères qui se lamentent et incrimi-
nent... Ne prends-tu donc aucune pitié d'eux...?

RAPHEL

Edmée... Edmée... Ho ! ne m'approche pas...!

L'ANGE

Fais vite, ô mon aimé, que ma mort leur donne
au moins la rédemption promise...!

RAPHEL

Je t'en conjure, ô mon amante...!

L'ANGE

La vierge n'est plus l'amante... elle est une martyre...

RAPHEL (le regard éperdu).

Edmée... Edmée...

L'ANGE

Ta main tremble... pourquoi hésites-tu...? Mais frappe donc... Raphel...!

RAPHEL (suppliant, les mains jointes).

Edmée...!

L'ANGE

Dépêche-toi, ô mon aimé... que plus tard il ne serait peut-être plus temps ! Frappe... frappe fort... Mais frappe donc... va je saurai mourir...!

RAPHEL (se dérobant à son approche).

Non, je le voudrais, que je ne le pourrais pas...!

L'ANGE (se transfigurant à mesure).

Si, tu le peux, si tu le veux !

RAPHEL

Non, je ne le puis pas !

L'ANGE

... Et tu le voudras, car tu le dois !...

RAPHEL

Je le dois...!.

L'ANGE

Demande au Père !

L'ARCHANGE (un doigt rivé vers l'au-delà).

Demande à Dieu !...

RAPHEL (il lève désespérément les yeux au ciel;
avec un profond abattement
de tout son être, et d'une voix sanglotante.)

Donc, souffrir... et puis encore souffrir (il fléchit
douloureusement la tête.)

L'ARCHANGE

C'est là l'inéluctable...!

RAPHEL (s'humiliant, les yeux noyés de larmes
et d'une voix atone, quasi éteinte.)

Seigneur, je défère et m'incline devant votre
volonté sainte... le sang de l'amante immaculée,
sera l'holocauste bénin, qui détergera l'humanité

souffrante, des horreurs de sa servitude et de sa damnation...!

> (Livide et haletant, les poings toujours crispés, lui labourant les seins, il gravit à nouveau, lentement, les degrés du promontoire.)

RAPHEL (avec une désolation poignante).

Je monte à mon Calvaire...!

> (L'Archange disparaît à gauche, dans l'occultation d'une roche.)

SCÈNE V

GEORGES. — JÉROME. — RAPHEL. — L'ANGE.

RAPHEL (il amble toujours en silence et à menus pas, ployant les genoux à diverses reprises).

Souffrir, souffrir encore... et puis encore souffrir... Souffrir... souffrir sans cesse... souffrir... souffrir toujours...!

L'ANGE (des bras tendus vers lui).

Raphel !

RAPHEL (les tempes bourdonnantes, le front moite
de sueur, hésite encore
à s'approcher, crissant d'une voix gutturale).

Edmée...!

L'ANGE (les bras toujours arqués imploremment vers lui).

Raphel !

RAPHEL (affolé, ne se possédant plus, il se précipite
vers elle, l'enlève brutalement dans ses bras,
et l'étreignant fiévreusement contre sa poitrine).

Edmée...!

(Elle, virginale, les yeux immuable-
ment rivés au ciel, le lui montre du
doigt, avec un tendre reproche.)

L'ANGE (le front magnétié d'une auréole, sublime,
héroïque).

Dieu le veut!

RAPHEL (avec une sombre énergie).

Dieu le veut!... (il clot les yeux... lève son bras
armé... l'abaisse lentement; d'une voix suffoquée, lui meur-
trissant le sein.)

Pardonne, aimée!...

(Edmée, sans un cri, s'affaisse lentement
sur les genoux... elle ferme un instant
les yeux... une expression fugace d'indicible souffrance se tamise diffusément
sur sa physionomie morbide et alan-
guie. Résorbant ses forces défaillantes,

(en une volition ultime de tout son être ;
les mains jointes et suppliant.)

Seigneur, je vous révère et vous bénis !

(Le regard toujours épandu vers le ciel,
elle se redresse lentement, les doigts
bittés autour d'un parchemin, qu'elle
porte religieusement à ses lèvres ; se
tournant ensuite vers Raphel, médusé
de stupeur et d'épouvante, et l'appelant.)

Raphel !

(Avec une exhortation muette dans le
regard, le mandant auprès d'elle.)

Approche-toi !

(Il amble quelques pas vers elle, in-
conscient ; tout l'être, galvanisé par l'inflexion caressante, de cette voix impé-
rative.

Viens là, plus près encore...

(Il se rapproche plus étroitement d'elle
et sur une injonction muette, s'écache
lourdement sur les genoux... Elle déroule
et lui remet le parchemin... Appels de
détresse et vociférations de plus en plus
croissants et continus, sur le globe sub-
lunaire.)

Donne ta main !

(Raphel acquiesce à sa demande et lui
abandonne la main... Edmée... les yeux
ardemment rivés aux siens, la lui im-
prègne du sang de sa blessure).

Écris… (Mouvement de Raphel) l'œuvre qui te doit
immortaliser !…

> (Veule et comme anéanti sous l'auto-
> rité invincible de cette voix marmon-
> neuse, mais térébrante; Raphel, minute,
> insciemment, et comme sans le savoir,
> le contexte de l'apophthegme, que lui ins-
> tille mot à mot, le regard extasié de
> l'ange… Il a, comme des défaillances,
> par instants; mais elle, se penchant vers
> lui, et l'effleurant de son haleine, lui
> enforcit incessamment tout l'être…L'œu-
> vre parachevée, elle lui ôte le parchemin
> des doigts.)

Donne…!

> (…et l'élevant au dessus de sa tête,
> le confronte un moment aux quatre
> points de l'horizon; puis, enroulant le
> manuscrit et tendant la main au poète).

Lève-toi et marche avec moi !…

> (Il adhère à son injonction… se lève et
> chemine avec elle, vers le haut du pro-
> montoire… Arrivés tous deux au faîte
> de l'escarpement, l'ange entr'ouvre les
> doigts, consciemment, et laisse échapper
> le parchemin, qui virevolte et disparaît
> bientôt dans les profondeurs de l'abîme…
> Se piétant là, tous les deux, sur le bord
> extrême du précipice; lui, devant, éboulé
> sur le flanc; elle, debout derrière, les deux
> mains étayées sur ses épaules à lui…
> Soudain, un joyeux carillon de cloches se
> fait entendre dans l'éloignement. — Ho-
> sannah des anges dans l'empyrée.

RAPHEL (transporté d'admiration, mais ne s'expliquant
pas encore).

Ho ! ces voix séraphiques s'égrenant en l'espace ! Edmée...

L'ANGE

L'heure de la délivrance qui sonne... !

CINQUIÈME TABLEAU

Le fin fond du théâtre s'enlève, et découvre, estompé en un
vague éloignement, un édifice communal, édifié sur le versant d'une colline, et sur le fronton duquel, rutile, poin-
çonnée en lettres d'or, l'inscription lapidaire suivante :

AMOUR

« TU AIMERAS TON PROCHAIN COMME TOI-MÊME ET L'AMOUR
T'INSUFFLERA LA FOI
ET LA FOI T'IMPARTIRA LE BONHEUR. »

(Sur le devant, la République, coiffée du bonnet phrygien,
le regard rayonnant d'une joie ineffable, et psalmodiant une
litanie d'amour, a les deux mains imposées sur la tête du
couple austère et recueilli, prostré à ses genoux. « La Paix
et le Prolétariat » rapatriés et accointés l'un près de
l'autre : le Prolétariat, en ses attributs de travail : la Paix, le
front ceint de lauriers, une gerbe d'épis enserrée sous le
bras. Tout autour, l'encerclant à une distance respec-
tueuse, un synode des peuples européens : femmes, enfants, vieillards, hommes d'armes, bourgeois, manou-
vriers, etc..., etc...

SCENE 1

L'ANGE. — RAPHEL.

L'ANGE (superbe, hiératique et tendant le do
vers l'apothéose).

Poète, vois notre œuvre !

RAPHEL (se dressant en toute hâte sur les genoux).

Ho ! est-ce un songe, où je vis bien réellement
ce que je vois...

L'ANGE

La loi de Rédemption se promulguant au cœur
des êtres !

RAPHEL (ravi en extase).

Oh ! qu'est cela, Edmée...

L'ANGE

Le réveil des fils de Japhet, l'effusion de l'âme
des peuples !...

RAPHEL (joignant les mains, avec des larmes
de reconnaissance dans les yeux).

Seigneur... Seigneur... votre miséricorde est
infinie...!

(Après un temps d'ineffable béatitude
et d'indicible admiration.

L'ANGE (s'accotant contre lui avec conviction
et d'une voix chaleureuse).

Notre œuvre, c'est là notre œuvre!...

RAPHEL

Ton œuvre à toi, mais pas la mienne !

L'ANGE

Si, la tienne, la nôtre... c'est là notre œuvre !

RAPHEL (balbutiant).

Notre œuvre, c'est là notre œuvre...!

L'ANGE

Oui, notre œuvre, à tous les deux !

RAPHEL

La tienne, je te dis, ton œuvre à toi !

L'ANGE (lui remémorant).

Raphel... ne la payons-nous pas du prix de notre
amour ?...

RAPHEL

Que dis-tu là, Edmée?...

L'ANGE

Je dis... cette œuvre, ne la payons-nous pas du
prix de notre amour?... (La toile du fond se referme.
La fantasmagorie s'efface et disparaît).

RAPHEL (tressaillant).

Comment?... Explique-toi... je tremble de com-
prendre...

L'ANGE

Comme si tu ne savais pas...

RAPHEL

Quoi... comme si je ne savais pas... achève, je
t'en conjure...

L'ANGE

Ne vais-je pas mourir?

RAPHEL (avec un cri indicible).

Edmée...!

L'ANGE (d'une voix attendrie).

Tu sais bien qu'il le faut, que je le dois au
Père.

RAPHEL (l'enlaçant et d'une voix vibrante).

Non, tu ne mourras point...!

L'ANGE (avec un amer reproche).

Raphel... tu oublies donc...!

RAPHEL

J'oublie... quoi donc, j'oublie...?

L'ANGE

Que ma mort était le prix de la rédemption promise à tes malheureux frères...

RAPHEL (avec un morne accablement).

Ah! pourquoi ne m'avoir pas laissé ignorer jusqu'à la fin... j'aurais peut-être oublié à la longue, et peut-être... ainsi moins souffert... Ah! oui, je me souviens...!

L'ANGE (suspendue à ses lèvres).

Mon aimé, mon Raphel... Oh! oui, je t'aime... tu le sais bien que je t'aime... Oh! dis, dis que tu le sais bien que je t'aime... et toi aussi, tu m'aimes, dis...? Oh! oui, tu m'aimes, je le sens que tu m'aimes... Tes lèvres, donne tes lèvres... (balbutiant d'amour et d'agonie)... recueilleras mon âme... l'insufflerai vers toi... mon aimé, mon Raphel... pleure pas... souffre en silence... espère et tu vaincras... Pleure pas, mon Raphel... quand je te dis... savons pas ce qui nous attend plus tard... ne désespère donc pas de l'avenir... Oh ! laisse-moi tes lèvres... veux mourir sur ta bouche... sois fort et tu verras... Ah ! oui... je t'aime... je t'aime... je t'aime... et je me meurs... !

RAPHEL

Non, non, tu ne mourras point, mon Edmée... je serai là, j'écarterai la mort, je te protégerai contre elle... !

L'ANGE

Trop tard, elle est déjà en moi...

RAPHEL (terrifié).

En toi... elle est déjà en toi... !

L'ANGE (s'éboulant sur les genoux).

Pleure pas, je te dis... souffre en silence... Regarde-moi... dirait pas que je souffre... !

RAPHEL

Edmée... !

L'ANGE

Et maintenant, laisse-moi seule avec mon Père !

RAPHEL (douloureusement).

Que je m'éloigne ?

L'ANGE

Oui, je te rappellerai quand sonnera l'heure ?

RAPHEL

Non, je ne veux pas...

L'ANGE

Tu ne veux pas... ?

RAPHEL

Non, je ne veux pas que tu meures... Oh ! je saurai bien t'arracher à son étreinte...

L'ANGE

Raphel !... Oh ! laisse-moi mourir !...

RAPHEL

Tu le veux donc ?

L'ANGE

Puisqu'il le faut !

RAPHEL (avec des sanglots plein la voix,
les yeux lui ruisselant de larmes).

Adieu donc, mon aimée... puisqu'il le faut et qu'il est agréable à Dieu !

L'ANGE

Dis pas adieu, dis au revoir... (Elle lui prend les mains et l'attire vers elle.) Comme si nous ne devions pas un jour nous retrouver ensemble...

RAPHEL

Qui sait ?...

L'ANGE

Espère et tu vaincras... !

RAPHEL (d'une voix engorgée par les sanglots).

Oh! si cela était !

L'ANGE

Sois fort et tu verras !

RAPHEL

Et je verrai... !

L'ANGE

Plus tôt que tu ne crois !

RAPHEL

Oh dis quoi je verrai ?...

L'ANGE

Où tu croyais la mort, t'apparaitra la vie...

RAPHEL

Ho ! que veut dire...

L'ANGE

Plus tard tu le sauras... L'heure n'est pas encore venue de te le divulguer... La mienne sonne... entends ! Dieu me rappelle à lui... ! Vite... tes lèvres... une dernière fois, puis tu t'éloigneras... tu me promets... ?

RAPHEL (divide et bégayant).

Tu le veux... ?

L'ANGE

Je l'exige...

RAPHEL (dans un sanglot).

... As ma parole...

L'ANGE (lui donnant un baiser).

Merci, Raphel... (Elle l'étreint éperdument et l'attirant vers soi, le fait chuter sur les genoux).

RAPHEL (se piétant auprès d'elle
et donnant un libre cours à sa douleur).

Edmée !

L'ANGE (lui encerclant le col de ses deux bras
et d'une voix brisée).

Toujours... tu m'aimeras toujours...

RAPHEL

Toujours... et toi, mon ange... ?

L'ANGE

... Me le demandes... sais bien que la mort ne résigne point la foi jurée... ?

RAPHEL (d'une voix entrecoupée de sanglots).

Ah ! oui... tu me le dis un jour... Toujours !...

L'ANGE

Oui, toujours... (à demi voix.) Seigneur que votre volonté soit faite ainsi que vous me l'ordonnez... !

RAPHEL

Edmée... Oh ! laisse-moi tes lèvres...

L'ANGE (déjà en les affres de l'agonie
et d'une voix qui va peu à peu en s'affaiblissant).

Je viens vers vous, mon Père... !

RAPHEL

Que psmalmodies-tu là, chère âme?...

L'ANGE (joignant les mains et unissant ses lèvres à celles
de son amant; en une fébrile et suprême contrainte
et d'une voix râlante).

Dieu bon, Dieu juste, je vous révère et vous bénis...!

RAPHEL (avec un cri horrible et l'attirant toute vers lui).

Edmée !

(Mourante, elle lui insuffle aux lèvres, son ultime soupir
et baiser d'amour).

SCÈNE II

RAPHEL

Affolé, éperdu d'angoisse et de douleur, il la soulève contre
lui ; mais elle, déjà privée de vie, et les yeux clos, penche
aussitôt la tête, et s'affaisse lourdement, comme une masse,
sur la poitrine haletante et secouée de sanglots, de l'infortuné jeune homme ; il se maîtrise cependant, en un dé-
sespéré et continu effort sur soi-même.

Souffre en silence, m'as-tu dit... montre pas que
tu souffres... je crains de ne pouvoir... Si tu savais...
c'est si terrible ce que ressens là... On ne peut pas

souffrir plus que ce que je souffre en ce moment...
Je cherche à me contraindre... sais pas si je pourrai... tente là l'impossible, je crois... (avec un regard éperdu, s'adirant vers les cieux et d'une voix instante.)
O ciel, secourez-moi... donnez-moi du courage,
rendez-moi fort contre l'adversité !... Seigneur,
je vous en conjure... Merci, mon Père !

(Il se dresse, comme accoisé, et d'une
voix quelque peu raffermie).

... M'a dit de m'éloigner... me l'a même fait promettre... lui ai donné ma parole... dois tenir ce
que je lui ai promis... Respect au vœu d'une mourante. (il se penche vers elle en sanglotant et và pour lui
poser chastement ses lèvres sur le front... se ravisant
soudain.) Non, je ne le dois pas... j'étais peut-être
indigne de l'aimer... (titubant comme un homme ivre).
Oh ! oui, je le sens bien, je n'ai pas su me rendre
digne d'elle... Je n'avais peut-être pas encore assez souffert... J'ai fait ce que j'ai pu... (de l'halète-
ment de son souffle, madéfiant le front de l'ange.) Oh ! ce
baiser... il me brûle les lèves... Dieu me pardon-
nera... (il se redresse, avec effort ; se macérant la poitrine.)
Réprime-toi, mon cœur, montre point ta souf-
france... refoule tes aveux... à plus tard leur essor... sois fort et tu verras !... c'est Edmée qui l'a
dit. . Bien là... bien là, mon cœur... (dévalant par

escousses le versant du promontoire.) Oh ! n'irai pas bien loin... sens décliner mes forces... chûterai avant peu... (avec un poignant sourire)... n'en ai plus pour longtemps !

> (L'Archange, une couronne de lauriers appendue au bras gauche, se décèle subitement de droite, et déambule augustement à la rencontre du poète.)

RAPHEL (les jambes flageolantes, d'une voix creuse, estomaquée ; se comprimant la poitrine de ses deux mains crispées).

Tais-toi... tais-toi... mon cœur... morcelle ta souffrance... Oui, je sais qu'il t'en coûte... il le faut... tu le dois, c'est Edmée qu'il l'a dit !... Accède à sa prière... refrène ta douleur... (assomption de l'Ange vers le Très-Haut.) Edmée... Edmée... (en a parlé) tais-toi... tais-toi... te dis-je... montre pas que tu souffres... sois fort et tu verras... (arrivé au bas de la côte, et d'une voix clamante.) Edmée... Edmée ! (Se refrénant encore.) Edmée... !... (à soi-même.) Oh ! si, tu le peux bien... (haut) Edmée... Edmée... Ed... (se violentant et à mi-voix, les dents serrées.) Te tairas-tu... il le faut, tu le dois... c'est Edmée qui l'a dit... Bien là... bien là... mon cœur (défaillant dans les bras de l'archange)... dirait pas que je souffre... !

SCÈNE III

GEORGES. — JÉROME. — RAPHEL.
L'ARCHANGE.

L'ARCHANGE (d'une voie attendrie).

Espère et tu vaincras...!

RAPHEL

Ho! cette voix... c'est vous... mon frère... Vous étiez là?...

L'ARCHANGE

Oui, j'étais là...

RAPHEL

... Pouvais pas davantage... Pouvais pas donner plus...

L'ARCHANGE

... Tu as mérité de Dieu!...

RAPHEL

Oh! que faites-vous là?

L'ARCHANGE

... Te ceins le front de la couronne du martyre.

RAPHEL

... Pourquoi cette couronne ?... Qu'ai-je donc fait ?

L'ARCHANGE

Tu le demandes... Interroge toi-même !

RAPHEL

... Je ne sais pas...

L'ARCHANGE

Demande alors à Dieu... Lui seul peut te répondre...

RAPHEL (comme égaré, les yeux mi-clos, s'atrophiant en une sorte de prostration profonde).

... Mon père...

L'ARCHANGE (l'étayant contre lui, il l'entraîne instamment vers le fauteuil de gauche).

Dors, enfant, dors. Demain verra éclore un jour nouveau pour toi... Dors !...

(Il fléchit un genou en terre.)

RAPHEL (vrillant les paupières en un sommeil léthargique:
d'une voix basse et indécise, balbutiant
dans sa torpeur).

Un frère ne s'infléchit point devant son frère...

L'ARCHANGE (avec une muette admiration).

Ne me dis plus ton frère, dis-moi ton serviteur.

(Il se recueille un instant, se redresse
ensuite, et trôle lentement vers le haut du
promontoire.)

... Et maintenant, veuille la mort parachever
son œuvre...

(Se piétant sur le versant du promontoire; bénin et onctueux.)

O Grand parmi les grands... O Saint parmi
les Saints... tu règneras avec le Père, en l'azur
infini des cieux, au sein de la pérennité des
mondes !...

(Un coup de cloche impérieux s'égrène
soudainement en l'espace, l'Archange
réprime un tressaillement. La vision
cesse aussitôt et disparaît... Sur une
seconde volée de cloche, l'Archange
s'immobilise en silence et fléchissant la
tête, joint dévotieusement les mains sur
sa poitrine. La toile du fond se referme
vivement sur lui.)

SIXIÈME TABLEAU

Même décor qu'au premier.

SCÈNE I

GEORGES. — JÉROME. — RAPHEL.

GEORGES (dessillant les paupières).

Ma parole... crois que je m'étais assoupi...
Crois même que j'ai dormi... M'oublier à ce point
au chevet d'un malade... je ne me le pardonne
point... Jérôme aussi... C'est donc une gageure...
Jérôme... hé bien !... Jérôme... Oses-tu bien
dormir !

JÉROME (ouvrant un œil).

Qui me malmène ainsi ?... Ha ! c'est vous,
m'sieur Georges... Savais pas qui m'étirait le
bras... Crois que je somnolais !...

GEORGES

... Dis donc que tu dormais...

JÉROME (penaud).

Moi, je...

GEORGES

Tu n'as point honte ?...

JÉROME

Quoi si... je n'ai pas honte... Avec ça que de votre côté vous n'en faisiez pas tout autant, vous aussi... Ne dites pas... vous avez les paupières qui vous tombent encore de sommeil...

GEORGES

Moi, je ?...

JÉROME (narquois).

... Dormiez d'un profond sommeil, vous ai bien vu...

GEORGES

Pendant que tu dormais ?...

JÉROME (sans réfléchir).

Pendant que je dormais !...

GEORGES (avec ironie).

Alors, tu as bien pu t'en assurer ?...

JÉROME

Avant que de dormir... Que me faites-vous dire... Niez donc le contraire...

GEORGES

Oh ! mais, je n'en disconviens pas !

JÉROME

Enfin, vous l'avouez ?...

GEORGES

Il le faut bien !,..

JÉROME (avec contrition).

Merci, m'sieur Georges !

GEORGES

Pourquoi dis-tu merci et me prends-tu la main ?

JÉROME

Parce que je ne suis plus seul à me maudire !

GEORGES

Le fait est que nous sommes inexcusables... Nous endormir ainsi au chevet d'un malade...

JÉROME

... Sais pas comment cela s'est fait...

GEORGES

Moi, je me le demande encore !...

JÉROME

Cela m'est venu brusquement, je sais...

GEORGES

Ce n'était pourtant pas l'envie qui me sollicitait.
Du diable si je pensais à dormir...

JÉROME (frappé de stupeur et s'exclamant).
Ah ! m'sieur Georges ! m'sieur Georges !

GEORGES

Qu'est-ce qu'il y a ?...

JÉROME

Ho ! c'est un songe affreux, un horrible cau-
chemar qui égare ma raison !...

GEORGES

Qu'est-ce que c'est, Jérôme ?...

JÉROME

Je crois que je m'hallucine, m'sieur Georges !

GEORGES

Mais, qu'est-ce que tu vois donc ?...

JÉROME

Et pourtant, je n'ose encore y croire !

GEORGES

Me diras-tu, enfin... Tu me fais peur, Jérôme !...

JÉROME

Là, devant vous (lui montrant du doigt le halo lumineux qui illumine le faciès du poète.)

GEORGES

Là, devant moi ?... Où veux-tu dire ?...

JÉROME

Vous ne voyez donc pas là devant vous... Vos yeux ne savent donc plus voir... Ce nimbe qui lui auréole... divinise le front...

GEORGES (le discernant).

Ha ! si...

JÉROME

Ah ! vous voyez maintenant !...

GEORGES (pétrifié).

En croirai-je mes yeux ?...

JÉROME

Vous dites comme moi !

GEORGES

Oh ! c'est un rêve !

JÉROME

C'est à n'y pas croire !

GEORGES

Et pourtant, ce n'est pas un leurre, je ne m'af-
fine point !...

JÉROME

Nous n'avons qu'à y porter la main pour mieux
nous en assurer...

GEORGES (vivement).

Ça, jamais, jamais... entends-tu bien !

JÉROME

Et pourquoi ?

GEORGES

Ce serait là un sacrilège !...

JÉROME

Quoi, vous croyez ?...

GEORGES.

Qui nous dit, que Raphael n'était point l'apôtre
si fervemment attendu par nos frères d'armes !...

JÉROME

Cela ne m'étonnerait nullement, ce que vous dites là, m'sieur Georges... Je l'avais d'ailleurs toujours pensé ainsi !...

GEORGES (sur un mouvement de Raphel).

Il s'éveille... Silence... Pas un mot de ceci... Respectons ce mystère...

RAPHEL (avec des réminiscences de l'avatar
et ne les remettant pas encore).

Mon frère... où êtes-vous?... Ma main vous cherche vainement... je ne vous sens plus près de moi... Ah ! c'est bien mal à vous... Me laisser seul ainsi !

GEORGES

Que dis-tu là, Raphel?... Mais nous ne t'avons pas quitté un seul moment... Nous nous sommes constamment tenus là à tes côtés...

JÉROME

C'eût même été insensé de notre part, de nous éloigner de vous un seul instant, m'sieur Raphel... car vous pouviez fort bien avoir besoin de nous à votre réveil.

RAPHEL (les envisageant l'un et l'autre, avec stupeur).

A mon réveil ?...

GEORGES

Oui, il fallait bien être là pour obvier à toute urgence.

JÉROME

Vous paraissez tout contrit de nous retrouver là à vos côtés, m'sieur Raphel !...

RAPHEL

Moi... pas !...

GEORGES

Tu promènes sur nous, un regard morne et inquiet, comme si tu ne nous remettais plus !...

RAPHEL

Mais si...

GEORGES

Notre assistance te désobligerait-elle ?... Il faudrait le dire... nous ne voudrions nullement t'imposer une contrainte...

JÉROME

Peut-être ne veut-il plus de nos soins, m'sieur Raphel... ?

GEORGES

Tu entends ce qu'il dit là, Jérôme?...

JÉROME

Si c'était là ce qui vous indispose, m'sieur Raphel, nous nous retirerions sans mot dire,
m'sieur Georges et moi... pas assez loin pourtant
pour que nous ne puissions vous porter secours à
votre premier appel... (à Georges)... On dirait qu'il
ne nous entend pas.

GEORGES

Oh! c'est qu'il veut bien ne pas nous entendre!

JÉROME

C'est donc qu'il ne nous aime plus, m'sieur
Georges?...

GEORGES (avec une émotion croissante).

Oh! que si, il nous aime toujours, mon Raphel!

JÉROME (d'une voix suffoquée).

Vous croyez, m'sieur Georges... Oh! oui, il ne
se peut pas qu'il ne nous aime plus, m'sieur Raphel... Nous interprétons mal son silence...

GEORGES

Oh! je saurai bien (l'étreignant contre sa poitrine). Raphel! (s'effrayant.) Mais quel tremblement soudain l'agite!...

JÉROME

Voyez donc... il se voile la figure dans ses mains.

GEORGES (instamment).

Raphel!

JÉROME

On dirait même qu'il cherche à réprimer un sanglot.

GEORGES

Mais oui...

RAPHEL (l'esprit ancré à une idée fixe,
balbutiant d'une voix brève et saccadée).

C'était un rêve!

GEORGES (avec une anxiété poignante).

Je ne me trompe pas... il a le visage baigné de larmes... Raphel!

JÉROME (tout en larmes)

Mon bon m'sieur Raphel !

RAPHEL

Un rêve... c'était un rêve !

SEPTIÈME TABLEAU

La porte du fond, mue par une force adventice, s'ouvre inopinément... l'ange y paraît sur le seuil, magnéfié de lueurs sidérales et mollement étendue sur un lit à courtines richement ciselé, s'exhaussant sur un large tréteau d'or.

SCÈNE I

RAPHEL. — L'ARCHANGE. — GEORGES
JÉROME. — L'ANGE

CHOEUR DES ANGES (dans l'empyrée.)

O souffreteux sublime
Qui sut garder ta foi,
Pâtiras magnanime
Salut, honneur à toi !

Du Dieu que je vénère
Apôtre de la foi
Aux humbles de la terre
A édicté la loi !

O souffreteux sublime
Apôtre de la foi
Pâtiras magnanime
Salut, honneur à toi !

JÉROME

M'sieur Georges ?...

GEORGES

Jérôme?...

JÉROME

Vous entendez... on dirait des voix célestes...

GEORGES

Je ne m'aberrais donc pas!...

> (Les deux hommes, demeurent un moment prostrés sous le charme captivant et délicieux émanant de ce chant séraphique).

RAPHEL (exultant d'une ivresse indicible).

Ce n'était pas un rêve... Merci... merci.. mon Dieu... C'est à vous que j'en suis redevable... je ne l'oublierai point... merci (tendant les bras vers la vision) Edmée!... Edmée...! (aux deux hommes qui, inconsciemment, lui immobilisent le corps) Oh! laissez... laissez moi! (il les écarte du geste et péniblement se met debout) L'amante fut martyre... la martyre sera l'épouse... Edmée... Edmée... (marchant vers la vision, les bras toujours arqués vers elle.) je viens, je suis à toi! — (la vision fuse et disparaît — avec un cri d'effroi.) Ho! que veut dire?... tout s'enténèbre autour de moi!... Je n'y vois plus pour me conduire... je subis là encore quelque odieux maléfice... J'erre là à l'aventure, sans savoir où je vais... (avec un mouvement de recul.) Ho! qui vient là vers moi...? Qui amble là dans l'ombre...? reconnais cette allure... discerne cette forme... dirait... ambule à menus pas... halte-là... qui vient là... qui s'immisce en ces lieux?... (Le macabre facies de la Mort s'estompe en l'embrasure de la porte du fond.) Elle... encore elle... la Mort...!

HUITIÈME TABLEAU

Même décor qu'au sixième.

SCÈNE I

GEORGES. — JÉROME. — RAPHEL
LA MORT, puis l'ARCHANGE

RAPHEL (sur un mouvement d'elle,
rétrogradant de quelques pas; avec vivacité).

N'approche pas... n'approche pas encore... tu
sais bien que tu me fais horreur et que je ne veux
pas de toi... tu le sais bien que je ne veux pas de
toi... alors, pourquoi venir... que viens-tu faire
ici?... Tu viens pour me chercher?... Il n'est pas
l'heure encore... (Comme il ore ces quelques mots, le
glas des morts s'égrène lugubrement en l'espace; s'exclamant de terreur.) Ah!... Georges, Jérôme... à moi...
à moi...! Je ne veux pas de toi... tu le sais bien
que je ne veux pas de toi... Alors, pourquoi t'opi-
nâtrier (s'ensauvant vers la droite.) Georges, Jérôme,
à moi... à moi... Oh! je t'échapperai bien, je
déjouerai bien ta poursuite à la longue (il vague de
part et d'autre du galetas. La Mort le pourchasse d'un

pas automatique.) Pitié... Georges, Jérôme... à moi...
à moi !...

> (Hors d'haleine, rompu, il chancelle et
> s'affale lourdement sur le parquet, à
> gauche.)

A moi... à moi... j'ai les jambes brisées...
Peux pas aller plus loin (essayant de se redresser, mais
n'y parvenant point)... Ah ! c'en est fait de moi
(se dressant sur son séant et dans un dernier cri de détresse)... Georges... Jérôme... pitié !... pitié... !

L'ARCHANGE (s'avérant en une irradiation céleste.)

Raphel !

RAPHEL (tendant les bras vers lui).

Mon frère !

L'ARCHANGE

Rappelle-toi !

> (Une bandière symbolique ondule ma-
> jestueusement dans les airs ; l'Archange
> la lui désigne du doigt.)

RAPHEL

Que me montrez-vous là, mon frère ? (Il lit.)

« Où tu verras la mort, t'apparaîtra la vie. »

L'ARCHANGE (parachevant l'exergue.)

Il faut mourir pour vivre !

RAPHEL

Qu'entends-je ?...

L'ARCHANGE (mystique).

Et vivre, c'est mourir ! ..

> (La Mort déambule à pas lents vers le
> poëte ; lui, la laisse bénévolement appro-
> cher.)

RAPHEL

Et vivre, c'est mourir... Quest-ce donc alors
que la vie ?...

L'ARCHANGE (sans emphase, uniment).

L'école du martyre !

RAPHEL (comme appendu aux lèvres de l'Archange
et d'une voix rauque, martelée.

L'école du martyre... Que m'édictez-vous là,
mon frère ?...

L'ARCHANGE

Heureux ceux qui souffrent et qui espèrent...
ceux-là seuls jouiront d'ineffables consolations !

RAPHEL (l'âme rendue à la résipiscence).

Qu'entends-je là ?...

> (La Mort, se baissant vers lui, l'ap-
> préhende vivement par la ceinture, et le
> redressant ensuite sur les jambes, l'é-
> treint brutalement contre elle.)

...désillez mes paupières... Mécréant que j'étais!... Merci à vous, mon frère... rassérenez mon âme...!

L'ARCHANGE (avec une onction touchante et d'une voix large, enveloppante).

Sois fort et tu verras...

RAPHEL (riolant à la mort).

Pourquoi je te souris, tu te demandes... pourquoi tu ne me fais plus peur... pourquoi ton approche ne m'est plus odieuse, ne m'épouvante plus?... Regarde, lis-tu ce pieux adage... c'est là mon viatique... Me révélant qui tu es, il me rend fort contre toi. Aussi, tu vois, Raphel, maintenant, ne te repousse plus... il te subit sans contrainte... il te brave sans effroi..., il te fronde sans mépris... Cela t'étonne ce que je dis là... je suis pourtant sincère — (avec sérénité). Je m'étais mépris à ton égard... tu vaux mieux que tu n'inspires... vois combien je suis franc... Mais tu restes là, sans mot dire... perpètre donc ton œuvre... on dirait que tu hésites... Tu ne veux donc plus de moi! (lui faisant un collier de ses deux bras et d'une voix dolente, énamourée.) Comme tu m'aimes, je le sens à ton étreinte... Eh bien !

moi aussi... je t'aime. (que mandant l'accolade.) Prends-
moi, ô prends-moi vite... je t'aime et je te veux...
(La Mort accède à son désir, sa bouche s'agglutine impérieusement aux lèvres du poëte.) O ma libératrice
(les yeux mi-clos, la voix atone, en une ferveur extatique)
Edmée... Edmée... je viens, je suis à toi..
(Il meurt, son âme de juste s'essore vers l'Éternel.)

> (Le chœur des anges s'éteint subite-
> ment. Rendus à la réalité, Georges et
> Jérôme, tournent la tête et cherchent
> anxieusement le poëte, du regard. Ils
> demeurent un moment atterrés de stu-
> peur à la perception de l'horrible àvatar
> qui se perpètre devant eux. Se remettant
> aussitôt de leur frayeur, ils vont pour se
> précipiter à la rescousse du poëte ; mais la
> Mort, prévenant leur dessein, les laisse
> impertubablement approcher de quelques
> pas ; puis, avec un rictus sardonique, qui
> lui déprime la mâchoire, arquant soudai-
> nement un bras vers eux, les attouche,
> tous les deux, maléfiquement, de sa
> main osseuse ; visqueux et térébrant
> contact, qui les fait, l'un et l'autre, re-
> jeter violemment en arrière, quinauds et
> abalourdis.)

> (Rideau.)

Juin-Août 1895.

TABLE

TABLE

Beauvais. — Imprimerie Professionnelle.